孤独症儿童职业教育与就业

——以海产品包装加工为例

主 编 林文强

西北大学出版社

·西安·

图书在版编目(CIP)数据

孤独症儿童职业教育与就业 / 林文强主编. -- 西安：西北大学出版社, 2024.9. --（特殊教育丛书 / 徐云总主编）. -- ISBN 978-7-5604-5497-9

Ⅰ. G766

中国国家版本馆 CIP 数据核字第 2024MR6375 号

孤独症儿童职业教育与就业——以海产品包装加工为例

主　　编	林文强
出版发行	西北大学出版社
邮　　编	710069
电　　话	029-88303310
网　　址	http://nwupress.nwu.edu.cn
电子邮箱	xdpress@nwu.edu.cn
经　　销	全国新华书店
印　　装	陕西瑞升印务有限公司
开　　本	700 mm×1000 mm　1/16
印　　张	11.5
字　　数	190千字
版　　次	2024年9月第1版　2024年9月第1次印刷
书　　号	ISBN 978-7-5604-5497-9
定　　价	58.00元

如有印装质量问题，请与西北大学出版社联系调换，电话029-88302966。

总序

特殊教育是国民基础教育不可分割的组成部分，是教育的兜底工程和教育公平的重要体现，同时是衡量社会文明进步程度的重要标志。

习近平总书记在2024年召开的全国教育大会上强调，"教育是强国建设、民族复兴之基。""我们要建成的教育强国，是中国特色社会主义教育强国，应当具有强大的思政引领力、人才竞争力、科技支撑力、民生保障力、社会协同力、国际影响力，为以中国式现代化全面推进强国建设、民族复兴伟业提供有力支撑。""要坚持以人民为中心，不断提升教育公共服务的普惠性、可及性、便捷性，让教育改革发展成果更多更公平惠及全体人民。优化区域教育资源配置，推动义务教育优质均衡发展，逐步缩小城乡、区域、校际、群体差距。"

这对新时代教育赋予了新使命、新担当、新作为，令人鼓舞，催人奋进。对特殊教育工作者如何在教育强国建设中要踔厉奋发，把握好定位，牢记教育报国初心使命，坚持以人民为中心发展特殊教育，加快推进特殊教育高质量发展，以特殊教育之强促进教育之强，以教育之强夯实国家富强之基，在全面推进中华民族伟大复兴中发挥特殊教育的独特作用提出了新要求、新任务和新期望。从党的十七大"关心特殊教育"，到党的十八大"支持特殊教育"，再到党的十九大"办好特殊教育"和党的二十大"强化特殊教育普惠发展"，这些关键词的改变折射出党和国家不断增强对特殊教育的重视程度，不断加大支持力度，努力让每一位残疾儿童少年都能享受合适而优质的教育。

回顾我国特殊教育发展的历史和本人自己见证的特殊教育发展历程，在党、政府及社会各界，以及特殊教育工作者的不懈努力下，我国特殊教育取得了显著成就，已经形成了具有中国特色、适合中国国情的特殊教育发展模式。

新中国成立之前，特殊教育学校由私人创立的居多，特殊教育以"看护""养护"为主，基本上属于慈善救济性质。新中国成立后，政府接管了特殊教育学校，相继颁布《政务院关于改革学制的决定》（1951年）、《办好盲童学校、聋哑学校的几点指示》（1957年）等，确立了特殊教育的教育属性和地位，推动了特殊教育发展。截至2023年，特殊教育学校从1946年的40所增加到2345所，在校学生数也从2322人增加到91.2万人，其中，特殊教育学校就读在校生34.12万人，其他学校就读在校生57.08万人。

改革开放后，特别是1988年，我国启动了残疾人教育事业发展五年规划、召开了第一次全国特殊教育工作会议，次年国务院办公厅转发了国家教委等部门《关于发展特殊教育的若干意见》，一系列举措推动了特殊教育较快发展。《残疾人教育条例》《义务教育法》《残疾人保障法》等法律法规公布。2017年修订的《残疾人教育条例》，不仅为进一步保障残疾儿童接受义务教育提供了强有力支持，而且确立了推进融合教育、优先采取普通教育方式的特殊教育发展原则。后如《关于进一步加快特殊教育事业发展的意见》《国家中长期教育改革和发展规划纲要（2010—2020年）》等相继出台，"特殊教育提升计划"等相继实施，有效推动了特殊教育的发展。需要特别指出的是，教育规划纲要把特殊教育作为八大教育发展任务之一，对特殊教育真正纳入国家教育整体规划、实施融合教育具有重要意义。

我国特殊教育形成了"以特殊教育学校为骨干，以大量随班就读和特教班为主体,以送教上门和远程教育等为辅助"的中国特色的发展模式,为在全球范围内建立没有排斥、没有歧视的全纳教育体系做出了贡献。

1946年,特殊教育学校(盲校、聋校)40所,2018年特殊教育学校达到了2152所,2023年为2345所,增长了58倍左右。在校残疾学生人数2322人,2018年在校残疾学生达到了近66.59万人(包括特殊教育学校、随班就读和附设特教班、送教上门等)。2023年为91.2万,增长了390多倍。1953年,特殊教育学校专任教师444人,2018年特殊教育学校专任教师5.87万人,2023年为增长了190多倍。

我国的特殊教育法制体系逐渐得到完善。近些年,出台了一系列有关残疾人权益保障的条例,如《无障碍环境建设条例》《残疾人就业条例》《残疾预防和残疾人康复条例》等。目前,直接涉及残疾人权益保障的法律有80多部,行政法规有50多部,标志着特殊教育已基本完成了从慈善型、救济型向权利型、普惠型方向转变,纳入依法治教轨道。

学前到高等教育阶段特殊教育体系初步形成。新中国成立初期,残疾人限于基础教育。经过70多年不懈努力,特殊教育逐渐确立了"保障义务教育,着重发展职业教育,积极开展学前教育,逐步发展高级中等以上教育"的方针。按"全覆盖、零拒绝"的要求,对所有类别的残疾儿童,包括残疾程度较重或具有多重残疾的儿童,提供多种多样的教育形式,保障其接受义务教育的权利。全国已有上百所普通本科高校开设特殊教育专业和高职院校开设特殊教育专业点。我国特殊教育体系在层次上已经具备了学前教育、义务教育、高中教育及高等教育各阶段,已经具备了基础教育、职业教育、成人教育等类型。

特殊教育安置多样态和教师培训体系日趋完善。改革开放以前,我国残疾儿童只能到特殊教育学校接受教育,目前我国特殊教育提供了多样化的教育形式，包括特殊教育学校、特殊教育班、随班就读、送教上门或远程教育等。1987年，在普通学校就读的残疾学生为0.64万名，残疾儿童入学率只有6%左右，现在已经达到95%以上。改革开放前，我国没有培养特殊教育教师的专门机构。改革开放后，为了培养高层次的特殊教育人才，国家开始在一些省份建立特殊教育师范学校(部、班)，在部属师范大学建立特殊教育专业。1986年，北京师范大学教育系设立特殊教育专业，当年第一次在全国招收本科生。随后，华东师范大学等数十所大学相继建立特殊教育专业，一批特殊教育硕士、博士点也相应建立。

融合教育、早期干预、多重残疾儿童教育等发展飞快。各地政府对适龄残疾儿童义务教育要优先考虑就近就便入学，要配置所需特殊教育教师，提供必要的经费保障，并有计划地在普通学校设立特殊教育资源教室。新修订的《残疾人教育条例》也明确指出，要"优先采取普通教育方式"。

扩大并改善幼儿特别是残疾幼儿的保育和教育，使他们的残疾状况或程度减轻，可以使他们潜能得到开发，同时还可以预防第二种障碍或第二次障碍的出现。新修订的《残疾人教育条例》和《特殊教育提升计划》都明确指出，要"加大力度发展残疾儿童学前教育"，将残疾儿童学前教育纳入当地学前教育发展规划，列入国家学前教育重大项目。

特殊教育学校要扩大招生规模和类型，依法接收残疾程度较重的残疾儿童入学，实现残疾儿童教育"零拒绝""全覆盖"，对那些不能到校就读、需要专人护理的适龄多重或重度残疾儿童，采取送教上门等方式提供教育。

特殊教育的质量得到较大提升。提高残疾人的教育质量，课程的针对性、适宜性是需要考量的重要因素。相对于普通教育而言，特殊教育课程的适宜性更加重要。对于残疾学生来说，不是所有学生都需要开设相同的课程、学习相同的内容、采取相同的评价标准。

残疾学生能够学习什么内容、达到什么样的标准主要还是由其能力来决定。因此，我国特殊教育更加重视残疾学生的课程适宜性，因材施教、因人而异，使每个残疾学生都能够得到更好的发展。

进入新时代，特别是 2023 年 6 月，中共中央办公厅、国务院办公厅发布《关于构建优质均衡的基本公共教育服务体系的意见》，文件进一步明确了基本公共教育服务的主要内容，强化政府保障责任，完善政策保障体系，织牢织密服务保障网，推进基本公共教育服务覆盖全民、优质均衡。对特殊教育提出三大任务：一是加强义务教育阶段特殊教育学校建设和普通学校随班就读工作，健全面向视力、听力、言语、肢体、智力、精神、多重残疾以及其他有特殊需要的儿童的特殊教育服务机制。二是坚持精准分析学情，全面建立学校学习困难学生帮扶制度。三是健全面向全体学生的个性化培养机制，优化创新人才培养环境条件。教育部、国家发展改革委、财政部随后联合印发《关于实施新时代基础教育扩优提质行动计划的意见》，提出强化新时代特殊教育优质融合的发展目标，提出办好更加公平、更高质量特殊教育的若干重要举措，是进一步推进教育公平、切实保障广大特殊儿童青少年受教育权利的需要，更是促进残疾人全面发展和共同富裕、加快建设教育强国的需要，意义重大，影响深远。

特殊教育的扩优提质，就是着眼公共服务均等化，加快推进优质特殊教育普遍惠及每一名特殊儿童青少年；就是着力发展素质教育，提升特殊教育育人质量，促进特殊人群的多元发展。到 2027 年适龄残疾儿童义务教育入学率保持在 97% 以上。这是一个发展性目标，是对适龄残疾儿童义务教育阶段入学率已经达到 95% 的新期待；更是一个刚性目标，既要求巩固好已有的普及成果，更要为义务教育普及水平真正实现"一个都不能少"继续努力。措施为：一是扩充学位资源，实现"全覆盖"。我国实现了 30 万人口以上县"县县有特校"的保障任务。本次《意见》提出，鼓励 20 万人口以上的县办好一所达到标准的特殊教育学校，并要求 20 万人口以下的县要因地制宜设立特教班，实现特殊教育学校（班）县县全覆盖。二是扩大资源供给，实现"全学段"。《意见》以建设从幼儿园到高中全学段衔接的十五年一贯制特殊教育学校为抓手，加快特殊教育从义务教育向两头延伸，实现特殊学生基础教育全学段衔接，为终身学习奠定坚实基础。三是加快类型资源建设，实现"全谱系"。

融合教育的高质量推进，让广大特殊儿童青少年和普通儿童青少年在融合环境中相互理解尊重、共同成长进步，是特殊教育发展的重要方向，可以说，融合教育质量水平高低是特殊教育质量的重要"试金石"。

高质量融合教育要求：一是学校提升课程规划和教学实施质量。课程是全部教育目标的载体，学校教育的育人功能主要依靠课程方案的设计与实施来体现。教学是学生素养发展的载体，德智体美劳全面发展主要依赖教学活动完成。必须要全面落实课程方案和课程标准，遴选基础教育精品课，推进教学方式方法创新，实现对特殊学生的差异化教学，满足学生多样化学习需求，促进特殊学生全面而有个性地发展。二是要求教师提升育人能力和质量。要强化师范生综合素质和全面育人能力培养，加强教研支撑，以高质量的特殊教育队伍为特殊教育发展提供强大动力。三是要求专业部门提升特殊教育体系服务质量。要组织遴选融合教育示范区和示范校，推进国家、省、市、县、校五级特殊教育资源中心建设，充分发挥示范区、示范校的示范引领作用和各级特殊教育资源中心的专业指导作用。四是要求多方参与提升跨领域资源整合质量。大力推进特殊教育与普通教育、职业教育、医疗康复、信息技术深度融合，充分满足特殊学生接受普通教育、掌握一技之长融入社会以及接受优质适宜的医疗康复服务需求，并实现以数字化赋能提升特殊教育治理水平和育人质量。

要实现目标，还是要靠政府。政府的责任是要对特殊教育事业的全面领导和统筹，为特殊教育优质融合发展提供了坚强的支持保障。关键做到以下三点：一是强化普惠保障。必须坚持落实政府主体责任，加强统筹规划和条件保障，加大政策、资金、项目向特殊教育倾斜力度，尽力而为、量力而行，不断加大财政投入力度，特别提出要优先将家庭经济困难的残疾儿童纳入资助范围，补助残疾学生特殊学习用品、教育训练、交通费等。二是强化标准引领。切实发挥评价指挥棒作用，用好学前教育、义务教育和特殊教育办学质量评价指南，推动各地完善质量评价实施方案，组织做好学校自评，以评促建，提升特殊教育办学质量。三是强化协同共育。办好特殊教育是全社会的共同责任。推动形成政府统筹协调、学校积极主导、家庭主动尽责、社会有效支持的协同育人格局，落实各方相应责任及沟通机制。

可以说，这个文件无疑吹响了新时代加快建设高质量特殊教育体系、推动特殊教育优质融合发展的号角。我们务必要充分认识把握特殊教育扩优提质的核心要义，将重大行动战略举措转化为切实行动，深耕细作、求实求效，真正让每一名特殊儿童少年都能感受到党和政府的温暖，都能有一个幸福美好的童年，为教育强国建设做出新的贡献。

但我们应该看到，特殊教育发展同时又遇到新挑战，主要在于：①提升特殊教育普及水平难度加大。历史原因造成的教育资源不足；多类型特殊需要群体需要解决的问题多，难度不小而且也很突出；残疾儿童非义务教育发展基础比较弱。②特殊教育支持保障体系尚不健全，尚未形成稳定的投入机制；特殊教育学校相对闭塞，高水平发展困难；普通学校和非义务教育阶段特殊教育学校缺少专门的经费标准和制度化支持；随班就读缺乏专业支持机制。③特殊教育师资数量不足，待遇偏低，专业能力不强。师资配备标准，如特殊教育师生比、资源教师和相关专业人员不能满足实际需要；教师专业化水平整体不高；特殊教育师资培养质量需要提高等。④教育教学针对性差，质量参差不齐。特别在特殊教育学校教材使用，课程资源开发与使用，教学评价以及其他残疾类型教育教学，如孤独症儿童的课程教材；数字校园、智慧校园等特殊教育信息化建设水平还比较落后。⑤融合教育总体质量，特别是认识水平、支持保障体系和个别化教学能力等。

要破解特殊教育发展瓶颈，特别在教育资源、残疾类型、学段、办学条件、办学经费、教师队伍、融合教育、课程资源、教育评价、课程改革等各个方面需要大力改进，主要措施为：

（1）特殊教育服务群体进一步扩大，推进融合教育具有重要意义。要关注多类型特殊教育需要群体，加强孤独症等特殊儿童教育教学，优化孤独症儿童教育教学服务布局，积极探索符合各种各类特殊儿童的培养方式，做好"两头延伸"、康复与职业技能提升等开拓性工作。

（2）全方位、全体系深度推进融合教育。对适龄残疾儿童义务教育入学率达到97%，努力实现残障人士的全生命周期的终身教育。加强普通教育和特殊教育融合，推动职业教育和特殊教育融合，促进医疗康复、信息技术与特殊教育融合，强化融合教育的支持与保障体系。

在学校层面：融合教育管理、融合教育课程建设及教学、融合教育班级管理、融合教育文化环境建设、家校共育等提高融合教育质量、推进融合教育发展的内容。

在学生层面：通过科学评估、方案制订、环境创设、教学支持、融合成长及转衔辅导等促进残疾学生和普通学生融合发展，全面提升育人质量。

普通学校的责任：转变思想观念、加强支持保障体系建设、课程改革与评价改革、校园文化和舆论氛围。

特殊教育学校的责任：将特殊教育学校建成区域特殊教育指导中心，大力推进融合教育。

（3）积极打造特殊需要学生的学习新生态。在制订差异化培养方案时，通过科学评估，针对性做好潜能开发、缺陷补偿方案；做到家庭与学校、普校与特校、学校与实习基地、线上线下的"随时随地学习"；对各类学习困难学生全面容纳和全方位支持，了解读懂新课标，完善培养目标，优化课程设置，聚焦核心素养，推动跨学科主题学习，突出实践育人功能，加强评价改革，优化教育教学培训，提高科研能力与水平。

（4）加强特殊教育资源配置，构建特殊教育专业支持网络。要因地制宜，合理配置特殊教育资源。鼓励在九年一贯制学校或寄宿制学校设立特殊教育班，提出大力推进国家、省、市、县、校五级特殊教育资源中心建设，合理布局孤独症儿童特殊教育学校等服务配置。优化课程资源建设，确保政治方向，确保内容严谨、准确，确保充分体现先进的教育思想和教育理念，确保内容符合不同年龄阶段不同类别残疾儿童的教育特点，确保适用、好用、够用，确保纵向衔接和横向协调。

（5）加强特殊教育保障。将义务教育阶段特殊教育生均公费经费补助标准提升至每生每年7000元以上，提升教育教学保障、师资保障、办学经费保障、学位保障、办学条件保障水平。

（6）营造尊师重教的良好风尚。需要建立专门的特殊教育教师资格，建立专业资质规范、专业成长道路通畅、专业能力一流的特殊教育教师和其他专门人才队伍。完善专兼职结合的人才机制，教育、医疗、康复的整合机制，教育事业、医疗康复事业、民政福利事业、残疾人事业的整合机制，人才的使用、流动和成长机制。做到培训工作经常化、制度化。大力弘扬教育家精神。

（7）要有更加完善的体系建设。这需要：①普及普惠、医教融通、学段融通、畅通便利的残疾人终身教育体系；②全面覆盖、系统集成、重点帮助、个别指导的特殊需要障碍学生学习支持体系；③科学选拔、灵活多元、科教协同、全球视野的拔尖创新人才培养体系。

（8）要提供更加强有力的支持保障。这主要在于：①年限不断延伸的免费教育；②力度不断加大的资助；③特教特办的人、财、物投入机制；④不断提升的特殊教育师资队伍的职业吸引力。

全国教育大会要求：加快建设高质量教育体系，推动义务教育优质均衡发展，解决好人民群众关于教育的急难愁盼问题。加强高素质专业化教师队伍建设，提升教书育人能力，巩固好教育强国建设的重要根基。实现国家提出的更高质量发展目标，其重点是在融合教育的进一步普及，课程建设进一步加强，个别化教育和适宜水平进一步提升，教育管理活力更加充满活力，学生出彩成材更多机会，教师更有幸福感，家长更多获得感和满意度，与社会更加融合，育人质量更加服务国家发展需要。

新时代，新目标，给我们提出了非常重要的新任务。为此，本人与特殊教育同人一起根据新的"教育强国，特教有为"要求，专门编写出版一套《特殊教育丛书》，可以作为新时代特殊教育教材或研究参考指导，为高质量发展特殊教育，使每一个特殊儿童"有学上"，还"上好学、能出彩"，为中华民族的伟大复兴，每一个人都能人尽其才、各展风采，早日实现伟大"中国梦"做出一份贡献。

国家社科重大招标项目　首席专家
浙江工业大学、南京特殊教育师范学院 特聘教授

2024 年 8 月于杭州

前 言

孤独症,作为一种复杂的神经发育障碍,影响着全球数百万儿童及其家庭。这些孩子面临着社交沟通、情感理解及行为模式上的诸多挑战,他们的成长之路充满了不易。然而,随着社会的进步和科学的发展,我们越来越认识到,孤独症儿童同样拥有无限的潜力和价值,他们渴望被理解、被接纳,更渴望通过自己的努力实现自我价值,融入社会的大家庭。

对于智力上有特殊需求的孩子,在接受培智学校九年义务教育之后,何去何从?我们该给他们怎样的职业教育,才能帮助他们掌握一技之长,让他们未来融入社会拥有一份适合自己的工作而自食其力,过上拥有像正常人那样幸福而快乐的生活?这些问题一直是我们广大特殊教育工作者和家长关心和思考的问题。

本书旨在全面而深入地探讨孤独症儿童的心理与生理特点,分析其在职业教育与就业领域所面临的现状与挑战,并积极探索适合他们的就业方向与发展路径。通过详实的案例分析、科学的理论支撑以及实践经验的总结,我们力求为孤独症儿童及其家庭、教育工作者、社会各界提供一份有价值的参考和指导。

本书第一章概述了孤独症儿童的心理与生理特点,帮助读者更好地理解和走近这个特殊群体。第二章则聚焦于孤独症儿童的职业教育现状,揭示了教育资源匮乏、教育方法单一及社会支持不足等问题,呼吁社会各界关注并共同努力改善这一现状。第三章和第四章则分别探讨了孤独症儿童的就业现状以及在特定领域（如海产品包装加工）的就业形势，既揭示了他们面临的困境，也展现了希望与挑战并存的局面。第五章则是本书的亮点之一，我们根据孤独症儿童的特质和优势，提出了多个可能的就业方向，包括手工制作类、数据录入与整理、园艺与养殖以及图书馆与档案管理等，旨在为孤独症儿童的职业生涯规划提供新的思路和可能性。

霞浦县特殊教育学校在办好培智义务教育的基础上，向职业教育延伸，并提出办优职业教育的思想。学校以《残疾人教育条例》和十四五特殊教育提升计划的精神为指导，以"融入社会和促进就业"为培养目标，以"生涯教育"和"融合教育"为基本理念，大力发展培智职业教育。培智职业教育遵循职业教育的基本规律、特殊学生的身心特点和培智学生发展需求，努力探索职业教育的课程改革和教育教学规律，突出社会适应和职业适应的教育功能。学校在充分利用区域资源和现代化信息资源的基础上，积极开展"融合式"职业教育的改革实验，为特殊学生自食其力、有尊严、有品质的生活奠定良好的基础。随着"融合式"职业教育实验不断深入，学校充分利用区域生态化教育资源，积极探索培智学生的就业方向，构建合适的职业样本。本书以国家法律法规和培智学校课程精神为指导，遵循"生涯教育"和"支持性"教育理论的基本思想，在内容选择、体例编排、评价系统等突出区域化、生态化、适性化，旨在为培智学生提供职业样本，从中培养学生的职业意识、职业技能、职业素养，为他们将来就业做好准备。希望本书能为广大教师和有特殊需要的家庭提供范例，能拓宽思路，挖掘资源，开展适合孩子特点的个别化职业教育。本教材在编写过程中得到徐云教授的大力支持，在此，表示衷心的感谢！同时也希望读者对本书存在的不足之处提出宝贵意见。

我们相信，通过全社会的共同努力和关爱，孤独症儿童定能在适合自己的领域绽放光彩，实现自己的人生价值。

林文强

2024 年 8 月

目 录

第一章 孤独症儿童的心理与生理特点概述 …………（ 1 ）
  一、心理特点 ………………………………………（ 1 ）
  二、生理特点 ………………………………………（ 5 ）

第二章 孤独症儿童的职业教育现状 ………………（ 12 ）
  一、教育资源匮乏 …………………………………（ 12 ）
  二、教育方法单一 …………………………………（ 17 ）
  三、缺乏社会支持 …………………………………（ 22 ）

第三章 孤独症儿童的就业现状 ……………………（ 27 ）
  一、就业机会稀缺 …………………………………（ 27 ）
  二、就业质量不高 …………………………………（ 37 ）
  三、就业稳定性差 …………………………………（ 55 ）

第四章 孤独症儿童海产品包装加工就业形势 ……（ 73 ）
  一、行业需求 ………………………………………（ 73 ）
  二、工作特点适合 …………………………………（ 91 ）
  三、就业挑战 ………………………………………（ 104 ）

第五章 孤独症儿童就业方向探索 …………………（ 116 ）

一、手工制作类 …………………………………………（116）
二、数据录入与整理 ……………………………………（129）
三、园艺活动与养殖工作 ………………………………（140）
四、图书馆与档案管理 …………………………………（152）

参考文献 ………………………………………………（166）

第一章 孤独症儿童的心理与生理特点概述

一、心理特点

（一）社交沟通障碍

1. 理解他人情感的困难

孤独症儿童在理解他人情感方面存在显著困难，主要源于他们在识别和解读情感表达上的缺陷。研究表明，这些儿童的大脑在处理面部表情时，活跃区域与普通儿童不同，导致他们难以察觉他人面部表情中的微妙变化，这些变化通常传达着丰富的情感信息。例如，当他人表现出悲伤或愤怒时，孤独症儿童可能无法识别出这些情绪，从而不能做出适当的回应。这种情感识别困难使得他们在社交互动中容易出现冷漠或不合群的行为，因为他们无法理解何时应该表现出同情、安慰或回应他人的情感需求。

2. 缺乏非语言信号的感知

孤独症儿童在解读非语言信号方面也面临巨大挑战，包括面部表情、肢体语言和语调变化。这些信号在日常交流中起着至关重要的作用，能够传递说话者的情感和意图。然而，孤独症儿童常常对这些信号的感知迟钝或误读，导致他们无法理解他人的真实意图。例如，在一群人中，当某人表现出厌烦或不耐烦的肢体语言时，孤独症儿童可能会继续一个无关的对话，因为他们没有察觉到这种非语言暗示。这种非语言信号感知的缺陷，使得他们在社交互动中难以适应群体的动态，导致他们无法有效地回应和参与互动。

3. 人际关系的建立和维持困难

孤独症儿童在人际关系的建立和维持上遇到显著困难，这不仅由于他们在情感理解和非语言信号解读上的不足，还与他们在社交情境中的行为模式有关。他们往往对社交互动缺乏内在动机，甚至认为社交是一种负担，导致他们不愿意主动参与社交活动。例如，他们可能不会主动发起对话，或者在他人试图与他们交谈时表现得漠不关心。[1]此外，孤独症儿童在社交技能上的缺乏，例如无法保持适当的眼神接触或不知道如何礼貌地结束对话，也使得他们在社交场合中显得不自在或尴尬。这些障碍使他们在与同龄人的互动中更容易遭受孤立，难以融入群体，最终影响他们的人际关系发展和维持。

（二）兴趣和专注

1. 对特定事物的过度兴趣

孤独症儿童常常对特定的物品或活动表现出异常强烈的兴趣，这种兴趣通常是高度集中且持久的。例如，他们可能会对某种类型的玩具、特定的电视节目、数字、图形或机械设备表现出极大的关注，甚至会展示出对这些领域的深度知识和记忆能力。这种过度兴趣不仅排他，还可能占据他们大量的时间和精力，使他们忽略其他生活和学习活动。这导致他们的兴趣范围极为狭窄，难以扩展到新的领域，影响他们的日常生活和社交互动。由于这种沉迷，他们可能会忽视周围环境和他人的存在，进一步加剧社交障碍。

2. 缺乏对其他事物的关注

除了对特定兴趣的高度专注外，孤独症儿童对其他事物通常缺乏关注和兴趣。他们对新的事物或活动缺乏探索欲望，表现出回避和抵触的情绪。这种缺乏关注不仅限制了他们的学习和成长，还影响了他们的社交机会和生活体验。在课堂上，他们可能表现出注意力不集中，对老师和同学的交流缺乏反应，也不愿参与团队活动和集体游戏。这种情况使得他们在学校和家庭生活中面临适应困难，无法融入常规活动，进一步加剧他们的孤独感。

3. 重复性行为和固执

孤独症儿童通常表现出强烈的重复性行为和固执的特征，这种行为可以表现在重复使用同一个玩具、重复某种动作或语言，甚至在日常生活中表现出强烈的规律性和仪式感。这种行为的背后往往是对变化的不安和恐惧，稳定和熟悉的环境让他们感到安全。当他们的日常惯例被打破时，可能会引发强烈的情绪反应，如焦虑或愤怒。这种固执和对变化的抵触不仅影响他们的适应能力，也对家庭生活和社会互动造成了挑战，在需要灵活应对的社交情境中，容易显得不合群和难以合作。

（三）情绪反应

1. 情绪不稳定

孤独症儿童常表现出显著的情绪不稳定，面对日常生活中的轻微挫折或变化时，他们的情绪反应常常过于强烈，甚至剧烈。小小的意外或干扰，例如改变计划、被拒绝或突然的噪声，都可能引发他们的极端情绪反应，如愤怒、哭泣或恐慌。这种情绪波动不仅让他们自身感到困扰，也使得家长和教育者在管理和支持时面临巨大挑战。这种情绪的不稳定性可能源于他们对环境和人际互动的高度敏感，他们的大脑在处理情感和应激反应时的神经活动模式与普通儿童不同，导致他们无法有效地理解和管理情绪。这种不稳定的情绪反应常常使他们在社交互动中出现问题，因为他们无法预测或控制自己的情绪，导致同伴交往中的冲突和误解。

2. 对环境变化的敏感性

孤独症儿童对环境变化表现出极高的敏感性，环境中的光线、声音、气味甚至是日常生活中的细微变化，都可能成为他们情绪波动的触发因素。例如，教室座位的调整、家庭中物件的重新布置，或是日常作息的变化，都可能导致他们产生强烈的焦虑或恐惧。这种对环境变化的敏感性源自他们对稳定性和可预测性的强烈需求，当环境中的元素发生变化时，他们往往感到失控和不安。研究表明，孤独症儿童的大脑在处理感官信息时存在异常，这种异常使他们对外界刺激的反应过于敏感，导致对变化的应对能力极为脆弱。

3. 适应新环境的困难

孤独症儿童在适应新环境时通常面临显著困难，无论是新的物理环境、新的社交圈，还是生活方式的变化，都可能成为他们巨大的挑战。他们对熟悉的环境和日常惯例有极强的依赖性，当这些熟悉的元素被改变时，他们往往会表现出极度的不安和压力。适应新环境的困难与他们对稳定性和可预测性的需求密切相关，这使得他

第一章
孤独症儿童的心理与生理特点概述

们难以处理变化和不确定性,在新的环境中可能表现出更强的焦虑和抗拒。例如,转学到新学校或搬家可能导致他们长时间感到不安,甚至无法正常参与活动。研究表明,孤独症儿童的大脑在处理新信息和适应变化时的神经活动模式与普通儿童不同,这可能解释了他们在适应新环境时的显著困难。这种适应困难不仅影响他们的生活质量,也对他们的社交和学习产生负面影响。

二、生理特点

(一)感觉统合失调

1. 对声音的过度敏感或不敏感

对某些声音的过度敏感使他们在面对日常生活中的各种噪声时,常常表现出极度的不适和焦虑。他们可能会对环境中的突然声响,如门铃、汽车喇叭声或人群的喧哗,表现出过度的恐惧和过度反应。这种过度敏感使他们很难在嘈杂的环境中保持镇静,甚至会用手捂住耳朵或者大声哭喊来表达自己的不适。另一方面,部分孤独症儿童对声音的感知可能极度迟钝或完全忽视,对于常见的声音刺激,如呼喊声或警报声,缺乏应有的反应。这种听觉反应的异常可能与他们的大脑在处理听觉信息时的神经活动异常有关。研究发现,孤独症儿童的大脑在面对声音刺激时,某些区域的活跃度与普通儿童不同,这可能导致他们对声音的感知和反应出现显著偏差。听觉方面的这些问题,不仅影响他们的日常生活和社交互动,还可能影响他们的语言发展和学习能力。如图 1-1 所示:

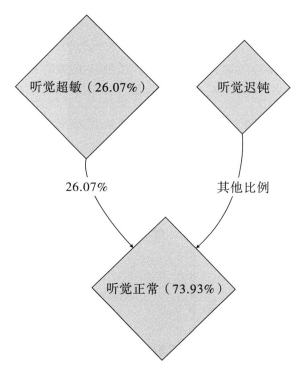

图 1－1　孤独症儿童听觉处理问题分布

2. 对光线的敏感度异常

孤独症儿童在光线敏感度上常有明显异常。部分儿童对明亮灯光或闪烁光线过度敏感，可能引发不适和焦虑，表现为回避强光或在阳光下焦躁不安。另一些儿童对光线变化反应迟钝，难以适应光线的剧烈变化，可能表现出冷漠或无反应。这些现象可能与他们视觉处理系统的异常有关，研究显示，孤独症儿童的大脑在处理视觉信息时与普通儿童存在显著差异。

3. 触觉刺激的异常反应

孤独症儿童的触觉反应可能异常敏感或完全缺乏反应。对触觉过于敏感的儿童会对特定质地的衣物、触摸感或表面质感表现出强烈的反感和抵触，甚至轻微触摸也会引发过度疼痛。他们可能抗拒日常活动，如穿衣、剪发或洗澡。而对触觉迟钝的儿童则在面对摔倒或触摸不同质地的物体时，表现得冷漠无感。这些触觉异常不仅影响他们的日常生活，还可能导致社交互动困难。

（二）运动协调能力

1. 精细动作的落后

孤独症儿童在手部精细动作的发展上常常表现出明显的迟缓，这使他们在执行需要手指灵活性和协调性的活动时遇到困难。例如，写字、扣扣子、系鞋带等日常活动对他们来说可能非常具有挑战性。这些精细动作的困难源于他们的大脑在处理和协调手部动作时的神经活动异常。研究表明，孤独症儿童的大脑在控制精细运动的区域，如小脑和基底神经节，可能存在发育迟缓或功能障碍。这些神经系统的异常导致他们在进行需要高精度和协调性的任务时，表现出不稳定和不精确。这种精细动作的落后不仅影响他们的自理能力，也对他们的学业表现产生负面影响。写字困难可能使他们在学校中的书面作业完成情况较差，从而影响学业成绩和自信心。

2. 大动作的发展迟缓

他们在跑步、跳跃、攀爬等需要全身协调和力量的活动中，往往落后于同龄人。这种大动作的发展迟缓可能与他们的肌肉张力异常、平衡感不佳和运动计划能力不足有关。研究发现，孤独症儿童在执行大动作任务时，大脑运动皮层和小脑的活动模式与普通儿童存在显著差异。这种神经活动的异常使他们在进行复杂的身体运动时，表现出动作笨拙、不协调和缺乏流畅性。这不仅影响他们在体育活动中的表现，也使他们在日常生活中进行某些基本的身体活动时遇到困难。大动作的发展迟缓可能对他们的社交能力产生负面影响，因为他们可能无法参与同龄人的体育游戏和活动，从而感到孤立和被排斥。

3. 平衡能力的不足

孤独症儿童在进行需要平衡性的活动时，如骑自行车或站在平衡木上，常常表现出明显的困难。这种平衡能力的不足源于他们的前庭系统发育异常和大脑对身体姿势控制的协调不良。前庭系统是负责维持身体平衡和空间感知的重要系统，孤独症儿童在这一系统的发育和功能上存在缺陷，导致他们在面对需要高度平衡控制的活动时，表现出不稳定和容易失衡。研究表明，孤独症儿童的大脑在处理前庭信息时，某些关键区域的活动模式与普通儿童不同，这使他们在保持身体平衡和进行空间导航时，表现出明显的困难。平衡能力的不足不仅影响他们在体育活动中的表现，也使他们在日常生活中进行一些基本的活动时，存在安全隐患。平衡问题还可能导致他们对某些活动产生恐惧和回避心理，进一步限制了他们的运动和社交机会。

表 1-1 国内孤独症儿童运动能力发展数据表

指标	正常儿童平均水平	孤独症儿童平均水平	数据来源
精细动作发育水平（1~5分）	4.5	2.8	中国心理学会
大动作发育水平（1~5分）	4.7	3.0	北京大学儿童发展研究中心
平衡能力（1~5分）	4.6	2.7	上海儿童医院运动能力评估报告

这些数据反映了国内孤独症儿童在运动能力发展方面的显著不足，强调了需要进行专业干预和训练的重要性(见表1-1)。

(三)其他生理问题

1. 睡眠障碍

孤独症儿童中，睡眠障碍是一种普遍且严重的问题，常表现为入睡困难、夜间频繁醒来以及睡眠周期紊乱。这些问题可能源于大脑神经调节机制的异常，尤其是褪黑素分泌的不足或紊乱。入睡困难的孤独症儿童通常需要较长时间才能入睡，这不仅影响他们的睡眠质量，还导致夜间频繁醒来，使其无法获得足够的深度睡眠。

这些睡眠障碍对孤独症儿童的日常生活和身心健康产生了深远影响。由于缺乏深度睡眠，他们常在白天表现出疲劳、注意力不集中和情绪不稳定，进一步加剧了情绪问题和行为障碍，如焦虑和易怒。此外，长期的睡眠不足还可能导致认知功能的下降，影响学习能力，增加家庭照顾的负担。

针对孤独症儿童的睡眠障碍，可以采取以下措施：

(1)改善睡眠环境：为儿童创造一个安静、黑暗、舒适的睡眠环境，减少噪声和光线的干扰，确保床铺舒适。使用白噪声机器和遮光窗帘可以有效提高睡眠质量。

(2)制订规律的睡眠作息表：每天设定固定的睡眠和起床时间，即使在周末也应保持一致。睡前1~2小时避免使用电子设备，以减少蓝光对褪黑素分泌的抑制。

(3)睡前放松活动：鼓励儿童在睡前进行放松活动，如听舒缓的音乐、阅读轻松的书籍，或者进行温水浴，以帮助他们逐渐放松身心，准备入睡。

(4)调整饮食：避免在睡前给儿童提供含咖啡因或糖分高的食物

和饮料。可以适量增加富含色氨酸的食物，如牛奶和香蕉，有助于促进褪黑素的分泌。

（5）褪黑素补充剂：在医生的指导下，适当使用褪黑素补充剂，以帮助调整和改善睡眠周期，但需谨慎使用，避免长期依赖。

（6）行为疗法：通过认知行为疗法（CBT）帮助儿童及其家庭养成健康的睡眠习惯，减少睡眠焦虑，改善睡眠质量。

通过这些具体的措施，孤独症儿童的睡眠问题有望得到缓解，从而提高他们的整体生活质量和家庭幸福感。

2. 消化系统问题

孤独症儿童常常面临多种消化系统问题，如腹痛、便秘和腹泻，这些问题不仅影响他们的身体健康，还会对行为和情绪产生负面影响。研究表明，这些消化问题可能与肠道微生物群落的失衡有关，孤独症儿童的肠道菌群与普通儿童存在显著差异。腹痛是他们常见的困扰之一，由于沟通障碍，他们可能无法准确表达不适，使得家长和医生难以察觉和及时处理。便秘则会导致腹胀和食欲不振，进一步影响情绪和行为表现。而频繁的腹泻可能与食物不耐受或肠道炎症有关，严重时需要进行详细的医学检查和干预。消化系统问题通常需要通过个性化的医疗措施进行综合治疗，包括调整饮食、使用益生菌补充剂、药物治疗，以及必要的医学检查，以缓解症状和提高生活质量。

3. 饮食偏好和挑食

孤独症儿童常表现出极端的饮食偏好和挑食行为，导致饮食结构单一和营养不均衡。他们可能只接受特定颜色、形状或口感的食物，而对其他食物表现出强烈的抵触，这与他们的感官敏感性异常密切相关。对气味、质地或味道的过度敏感使得他们对某些食物产生依赖性，进而形成固定的饮食习惯，难以接受新食物。这种挑食行为不仅影响生长发育，还可能导致严重的营养缺乏症，如缺乏维生素或矿物质。为了改善孤独症儿童的饮食状况，需要采取个性化的干预措施，包括行为疗法、感官整合疗法以及由营养师指导制订的科学饮食计划，帮助他们逐步接受多样化的食物，从而实现营养均衡和健康成长。

第二章　孤独症儿童的职业教育现状

一、教育资源匮乏

（一）职业教育机构的不足

1. 职业教育机构数量有限

在许多地区，职业教育机构的数量有限，特别是专门为孤独症儿童提供服务的机构更为稀缺。这种稀缺性使得孤独症儿童难以获得符合其特殊需求的职业教育和技能培训。普通职业教育机构通常缺乏针对孤独症儿童的个性化课程和支持体系，而孤独症儿童往往需要专门的教育方案，例如感官调节和社交技能训练。然而，由于专门机构的缺乏，许多孤独症儿童不得不进入普通职业学校，但这些学校往往缺乏必要的支持和资源，难以提供适当的环境和教学方法来满足他们的需求。这不仅影响了他们的学习效果，也限制了他们未来的就业机会。为了改善这一现状，有必要增加专门针对孤独症儿童的职业教育机构，并加强现有机构的支持和资源投入，以确保这些儿童能够获得公平的教育机会。

2. 区域分布不均衡

职业教育机构的区域分布极不均衡，资源主要集中在城市，而农村和偏远地区则相对匮乏。这种分布不均使得孤独症儿童及其家庭在获取教育资源时面临更大的困难。虽然城市地区的职业教育资源相对丰富，但仍不足以满足所有孤独症儿童的需求；而在农村和偏远地区，职业教育机构的数量少且分布分散，使得孤独症儿童难以获得必要的支持和服务。这种资源的地域差异加剧了教育机会的不平等，导致许多孤独症儿童无法享受应有的职业教育。为了弥补这一缺陷，政策支持和资源分配需要向农村和偏远地区倾斜，增加这些地区的职业教育机构数量，并提升其设施条件，确保每个孤独症儿童都能平等地获取职业教育资源。

3. 设施和设备不完善

教学设备的不完善包括缺乏专门设计的教具和材料，这些材料对孤独症儿童理解和掌握职业技能至关重要。例如，使用带有视觉提示的工具、逐步分解的操作流程卡片，以及个性化的学习辅助软件，可以帮助他们更好地理解复杂的概念和任务。职业教育机构需要根据孤独症儿童的学习特点，定制和引入这些专门设计的教学工具和材料。感官刺激调节工具的缺乏使得孤独症儿童在学习过程中难以集中注意力，并可能因感官过载而感到不安。为了应对这一挑战，职业教育机构应配置如噪声消减耳机、可调节的照明系统，以及具有柔软触感的设施和设备，帮助儿童在学习环境中保持舒适感并减少外界干扰。同时，设立专门的感官调节空间，供儿童在感受到压力时使用，以调节情绪和恢复学习状态。

安全保障措施的不足增加了孤独症儿童在操作复杂设备或参与实践活动时的风险。职业教育机构应实施严格的安全规程，包括为复杂设备设置安全防护机制，确保所有操作步骤都得到有效监督。同时，教师和辅助人员需要接受专业培训，以便他们能够识别和处理可能出现的安全问题。此外，定期开展安全演练，使儿童熟悉紧急情况下的应对措施，以增强他们的自我保护能力。

（二）专业师资力量的缺乏

1. 教师培训不足

普通教师在面对孤独症儿童时，通常对其特殊需求和适应性教育方法了解有限，难以提供有效的职业技能培训和心理支持。孤独症儿童的教育需要教师具备特定的知识和技能，包括理解其行为模式、感官处理方式以及个性化的教学策略。然而，许多职业教育机构未能为教师提供这些方面的专业培训，导致教师在实际教学中无法满足孤独症儿童的特殊需求。例如，教师可能不完全知道如何在课堂上调整教学方式来适应孤独症儿童的学习节奏，或如何在孤独症儿童感到焦虑时提供适当的支持。这种培训不足不仅直接影响了孤独症儿童的学习效果，还使得他们的心理健康得不到有效保障。长期来看，这种状况严重阻碍了孤独症儿童的全面发展，因为他们在学习过程中缺乏必要的支持和指导，进而影响其职业技能的掌握和未来的就业机会。

2. 教师资源配置不合理

许多职业教育机构存在教师资源配置不合理的问题，教师数量有限，使得孤独症儿童难以获得足够的关注和个性化指导。由于教师资源的短缺，孤独症儿童在课堂上常常得不到及时的帮助和支持，他们的特殊需求也难以被迅速识别和满足。例如，在大班教学环境中，教师可能无法兼顾每个孤独症儿童的进度和需求，导致这些学生在学习中遇到困难时无法得到及时的干预。这种教师资源的配置不合理，还表现在教师往往需要兼任多项职责，无法专注于孤独症儿童的教育和指导。由于教师负担过重，他们难以投入足够多的时间和精力来了解和回应每个孤独症儿童的个性化需求，这使得这些学生在职业教育中无法得到充分的个性化支持，影响其学习效果和职业技能的发展。

3. 教师专业素质参差不齐

孤独症儿童职业教育中的另一个重大问题是教师的专业素质参差不齐。许多教师缺乏孤独症教育的专业知识和实践经验，难以为孤独症儿童提供高质量的教育和心理支持。缺乏专业素质的教师可能无法理解孤独症儿童的特殊需求，导致教学效果不佳，特别是在应对学生的情绪和行为问题时，缺乏有效的应对策略。这种不均衡的专业素质导致教育的一致性和连贯性受到影响，孤独症儿童在不同课程间无法获得统一的支持，进而妨碍其职业技能的发展和心理健康的维持。为了改善这一状况，职业教育机构需要加强教师的专业培训和继续教育，确保所有教师都具备足够的专业知识和技能，以应对孤独症儿童的特殊教育需求。这不仅有助于提高孤独症儿童的学习效果，还能为他们的职业发展和社会融入提供更好的支持。

（三）个性化教育方案的缺乏

1. 缺乏个性化职业教育计划

个性化教育计划是为孤独症儿童量身定制的，涵盖职业技能培训、适应性学习策略和感官调节。然而，许多职业教育机构因缺乏专业评估和资源，无法提供这种个性化支持。这导致孤独症儿童无法充分发挥潜力，无法获得与其特长和兴趣匹配的培训，影响其职业发展和未来就业。有效的个性化计划应包含详细目标、个性化教学方法以及定期评估和调整。为解决这一问题,机构需加强对孤独症儿童个性化需求的理解,通过专业评估工具制订适合的教育计划。

2. 教育评估机制不完善

孤独症儿童在职业教育中的进步和能力水平需要通过科学的评估机制进行监测和调整,但许多职业教育机构缺乏这种评估机制,导致他们的学习效果和职业技能发展难以得到及时和准确的反馈。科学的教育评估机制应包括多维度的评估指标,如学习进度、技能掌握程度、行为表现和心理状态等,并通过定期的评估和反馈,帮助教师和家长了解孤独症儿童的学习情况和需要改进的方面。由于评估机制的不完善,孤独症儿童在职业教育中的进步常常被忽视或误判,导致教育措施无法及时调整和优化,影响其整体发展。完善的评估机制不仅能够提供准确的学习效果反馈,还可以帮助制定个性化的教育计划和干预措施,提高孤独症儿童的学习效果并促进其职业技能发展。

3. 支持服务体系不健全

孤独症儿童在职业教育中不仅需要职业技能培训,还需要心理支持和社会适应训练,以应对各种挑战。许多职业教育机构缺乏系统的支持服务,无法提供全面的教育支持。主要问题在于缺乏专业的心理辅导和社会技能训练。心理辅导帮助孤独症儿童应对情绪和行为问题,社会技能训练则帮助他们适应社会环境并建立人际关系。缺乏这些支持,使他们在教育中面临更多困难,影响学习效果和心理健康。职业教育机构应加强支持服务体系建设,提供心理辅导和社会技能训练,以促进孤独症儿童的全面发展。

二、 教育方法单一

（一）教学内容设计不合理

1. 缺乏实践操作

职业教育课程往往侧重于理论讲解，实践操作的机会较少，这对孤独症儿童尤其不利。孤独症儿童通过动手实践能更好地理解和掌握职业技能。理论知识虽然重要，但孤独症儿童更需要通过实践操作来巩固所学，增强动手能力和信心。例如，在食品加工课程中，如果仅依赖课堂讲解，孤独症儿童可能难以掌握包装或操作机器的具体步骤。实践操作不仅能让他们在真实情境中学习，还能通过团队合作和社交互动，提升他们的社交技能。为提高这些学生的职业能力，职业教育机构应增加实验室、实习基地和项目实践等实践机会，使他们能够将理论知识有效转化为实践技能，增强他们在就业市场中的竞争力和适应能力。

2. 忽视个性化指导

孤独症儿童在兴趣、能力和学习节奏上存在显著的个体差异，传统的职业教育方法难以满足他们的个别需求。没有个性化指导的教学方式往往导致他们在职业技能学习中面临重重困难。例如，一些孤独症儿童可能需要更多时间掌握特定技能，或者需要通过视觉辅助手段来理解复杂的操作流程。个性化指导应根据每个学生的独特需求制订个性化教育计划，确保他们能够以适合自己的方式和节奏进行学习。缺乏这种指导不仅影响学习效果，还可能导致他们产生挫败感，甚至失去学习兴趣。职业教育机构应加强个性化指导，通过个别辅导、小组教学和制订个性化学习计划等方式，帮助孤独症儿童克服学习障碍，提升职业技能，充分发挥他们的潜力，实现更好的职业发展和就业机会。

3. 单一的教学模式

现有的职业教育多采用单一的教学模式，如教师讲授和课本学习，忽视了孤独症儿童对互动和体验的需求。这种单一模式缺乏互动性和实用性，难以满足孤独症儿童的感官处理和行为调节需求。例如，孤独症儿童可能通过视觉、听觉或触觉等多感官体验，更容易理解和掌握职业技能。通过参与实践操作、模拟实验和互动学习，他们能更好地吸收知识。职业教育机构应采用多样化的教学手段，结合视觉、听觉、触觉等多感官刺激，以及互动和体验式的学习方法，如模拟操作、工作坊和实践课程，提升孤独症儿童的学习效果，使他们更好地融入职业环境并取得成功。

（二）缺乏多样化教学手段

1. 多媒体教学使用不足

多媒体教学通过动画、视频和音频等形式，提供生动的学习材料，有助于孤独症儿童更好地理解和记忆所学内容。相比传统的黑板和讲义教学，这种方式更能满足他们的特殊学习需求。传统教学缺乏互动性，容易让孤独症儿童分心，而多媒体教学通过丰富的视觉和听觉刺激，以及互动功能，能增强其学习的参与感。这种方法还可以根据儿童的学习进度和理解能力进行个性化调整，提升学习效果。为改善现状，职业教育机构应积极引入多媒体教学工具，利用现代技术创造丰富多样的学习体验，帮助孤独症儿童更好地掌握职业技能，提升学习效率。如图 2-1 所示：

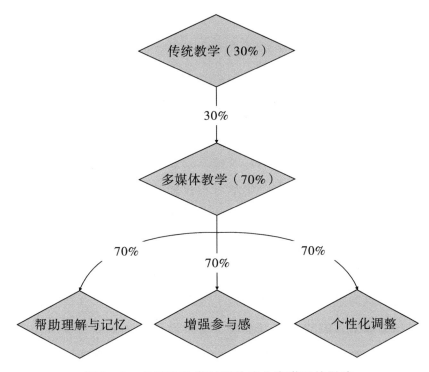

图 2-1 多媒体教学对孤独症儿童学习的影响

2. 互动式教学不足

互动式教学通过小组讨论、角色扮演和实践操作等方式，能够激发孤独症儿童的参与感和学习动力。目前的教育方法中，互动和合作的机会较少，孤独症儿童难以获得足够的学习支持和反馈。互动式教学不仅有助于知识传递，还能提升他们的社交技能和团队合作能力。在互动中，孤独症儿童通过与同学和老师的交流，能更好地理解和应用职业技能，同时培养沟通能力和人际关系。缺乏互动式教学，孤独症儿童在学习中缺少必要的社交和实践机会，难以将知识应用于实际职业情境。为提升学习效果，职业教育机构应增加互动式教学比重，通过小组活动、实践任务和角色扮演等方式，创造更多互动机会,帮助孤独症儿童在真实情境中学习和成长。

3. 游戏化学习缺失

游戏化学习通过任务和奖励机制,增加学习的趣味性和挑战性,能够有效激发孤独症儿童的学习兴趣和积极性。传统的职业教育方法过于严肃和单调,难以吸引孤独症儿童的注意力并激发其学习热情。游戏化学习可以将职业技能培训与游戏元素相结合,通过设置具体的学习任务和奖励机制,鼓励孤独症儿童在轻松愉快的氛围中学习和掌握职业技能。游戏化学习不仅能够提升学习的趣味性,还能增强学习的动力和持久性,使孤独症儿童在不断挑战和完成任务的过程中,逐步提高自己的技能水平和学习能力。游戏化学习还可以通过实时反馈和调整,提高教学的个性化和适应性,满足孤独症儿童的特殊需求和学习节奏。为了改善这一问题,职业教育机构应积极探索和引入游戏化学习手段,通过设计丰富多彩的学习任务和奖励机制,激发孤独症儿童的学习兴趣和积极性,帮助他们在愉快的学习过程中掌握职业技能,实现更好的教育效果。

这些数据反映了孤独症儿童职业教育中多媒体和互动式教学应用的现状,强调了改进教学手段的重要性,以提高孤独症儿童的学习效果和职业技能发展(表 2-1)。

表 2-1 孤独症儿童职业教育中多媒体和互动式教学应用情况表

教学手段	应用比例(%)	学习效果提升(%)	数据来源
多媒体教学	30	50	中国职业教育研究中心
互动式教学	40	45	北京特殊教育发展报告
游戏化学习	20	55	上海教育科技研究院

（三）评估和反馈机制不足

1. 缺乏动态评估

动态评估通过定期测评和反馈，帮助教师和学生及时了解学习效果和存在的问题。然而，许多职业教育机构仍采用静态评估方式，仅在学期末进行总结性评估，这种方式过于片面和滞后，无法及时发现和解决学生在学习过程中出现的问题。孤独症儿童在学习过程中可能遇到独特的挑战，如果没有动态评估，他们的学习困难便无法被及时识别和应对。动态评估可以通过定期测验、课堂观察、教师评估和学生自评等多种方式，全面了解学生的学习状态，帮助教师实时调整教学策略和内容，确保每个学生在学习过程中都能得到持续支持和改进，从而提升整体学习效果。

2. 缺乏个性化反馈

个性化反馈是根据每个孤独症儿童的学习表现和特点，提供具体的改进建议和支持措施。然而，现有的评估机制通常采用统一标准，难以满足孤独症儿童的个性化需求，导致他们在学习中无法获得针对性的指导。例如，某些学生可能在动手实践方面存在不足，而另一些则在社交互动中遇到困难。个性化反馈可以帮助教师识别这些差异，并制订针对性的辅导计划，调整教学内容，设置更合适的学习任务。职业教育机构应建立完善的个性化反馈机制，通过定期评估、个别辅导和调整教学策略，确保每个学生都能获得精准的支持，从而最大化他们的学习潜力和职业发展机会。

3. 家校互动不足

家校互动对于孤独症儿童的全面发展至关重要，但许多职业教育机构与学生家庭之间的沟通不足，导致学校和家庭的学习支持脱节。这种脱节可能使孤独症儿童在家中缺乏必要的学习支持和指导，影响他们的整体学习效果。有效的家校互动可以通过定期召开家长会、使用家校联系册、电话沟通和家访等方式实现，确保家长及时了解孩子在学校的表现，并在家中提供一致的支持。职业教育机构应加强家校互动机制，鼓励教师与家长密切合作，共同制订和调整学生的学习计划。这种紧密的合作不仅有助于提升孤独症儿童的学习效果，还能促进他们的社交技能和情感发展，确保他们在学校和家庭的双重支持下健康成长。

三、缺乏社会支持

（一）社会认知不足

1. 公众对孤独症儿童职业教育的认知有限

大多数人对孤独症的了解仅停留在表面，如社交障碍、重复行为等，对其在职业教育中的特殊需求则知之甚少。这种认知局限导致社会对孤独症儿童职业教育的重要性认识不足，从而影响了政策制定和资源分配。孤独症儿童在职业教育中需要个性化的教育计划、专业化的教学方法和特定的支持服务，以便有效掌握职业技能并顺利融入社会。由于公众对这些需求的认识不足，社会对孤独症儿童职业教育的重视程度不够，导致政府和企业在相关政策支持和资源投入方面存在不足。这种缺乏认知的现状直接限制了孤独症儿童的职业发展和社会融入。要解决这一问题，必须通过广泛的媒体宣传和公众教育活动，增强社会各界对孤独症儿童职业教育的理解和重视。

2. 媒体宣传力度不够

目前，媒体在宣传孤独症儿童职业教育方面的力度显著不足。虽然一些报道关注孤独症，但主要集中在症状描述和家庭护理上，职业教育这一重要领域则常常被忽视。媒体作为社会信息传播的重要渠道，其宣传不到位直接导致公众对孤独症儿童职业教育需求的了解不全面，进而影响社会各界对该领域的关注和支持。缺乏广泛的媒体宣传，孤独症儿童在职业教育中的挑战和需求难以被社会理解和重视。为了提高公众认知，媒体应通过专题报道、深入采访等形式，全面介绍孤独症儿童在职业教育中的实际需求和现状，积极倡导社会对这一特殊群体的支持和关爱。

3. 教育体系内部的认知不足

教育体系内部对孤独症儿童职业教育的认知也存在明显不足。许多教育工作者和学校管理者缺乏对孤独症儿童特殊需求的深刻理解，导致课程设计、教学方法和资源配置难以满足他们的实际需要。例如，孤独症儿童在职业教育中常常需要个性化的课程和特别的支持，但由于教育工作者对此了解不够，这些需求在实际教学中往往被忽视。教师缺乏相应的培训，在教学过程中难以根据孤独症儿童的特点进行适应性调整，这直接影响了这些儿童的学习效果和职业发展机会。为了改善这种情况，教育体系内部需加强针对孤独症儿童的专业培训，确保教育工作者具备足够的知识和技能来支持他们的职业教育需求，从而提升孤独症儿童在职业教育中的学习效果和发展机会。

（二）政策支持不足

1. 政策体系不健全

政策体系的不健全，使得孤独症儿童在职业教育中的特殊需求难以得到系统和有效的支持。职业教育政策应涵盖多个方面，包括职业技能培训、个性化教育计划、专业教师培训和支持服务等，但目前大多数政策只停留在一般性规定上，缺乏具体和操作性强的指导。由于政策缺乏系统性和连贯性，孤独症儿童在接受职业教育时，常常面临资源不足、支持不力和教育质量不高等问题。为了解决这些问题，需要制定全面、具体和操作性强的职业教育政策，涵盖孤独症儿童在职业教育中的各个环节，从职业技能培训到个性化教育支持，确保他们能够获得系统、有效和持续的教育支持。

2. 资金投入不足

很多职业教育机构面临着资金短缺的问题，导致他们难以提供高质量的教育服务。资金不足不仅影响教育设施和设备的更新和维护，还限制了教师的专业发展和培训机会，进而影响孤独症儿童的教育质量和效果。由于缺乏足够的资金支持，许多职业教育机构无法为孤独症儿童提供其所需的个性化教育计划和支持服务，使他们在学习过程中面临更多的困难和挑战。要解决这一问题，需要加大对孤独症儿童职业教育的资金投入，确保教育机构有足够的资源来提供高质量的教育服务。

3. 政策落实不到位

政策的执行力度和效果受到地方政府和相关部门的重视程度、资源配置和监管机制等多方面的影响。许多政策在制定时考虑了孤独症儿童的特殊需求，但在实际操作中，由于执行不力、资源不足和监管不到位等问题，导致政策难以发挥应有的作用。地方政府和教育部门在执行这些政策时，常常缺乏足够的重视和支持，导致政策在实施过程中出现偏差和不足。政策落实过程中的资源配置不合理、监管机制不健全，也使得政策的实际效果大打折扣。为了确保政策的有效落实，需要加强政策执行的力度和效果，完善资源配置和监管机制，确保孤独症儿童能够真正受益于政策支持。

(三)企业和社会组织参与度低

1. 企业参与积极性不高

企业在参与孤独症儿童职业教育和就业支持方面的积极性较低，主要原因在于资源的限制。孤独症儿童在工作中需要个性化的支持和培训，这通常超出了企业的常规管理能力，导致企业对参与此类项目感到力不从心。此外，企业对孤独症儿童的工作能力和适应性存有偏见，担心他们无法适应工作环境或影响工作效率，从而选择减少或回避参与。解决这一问题需要通过政策激励，如税收优惠、补贴或表彰等方式，提高企业参与孤独症儿童职业教育和就业支持的积极性，并改变企业对孤独症儿童能力的偏见。

2. 社会组织支持力度不足

社会组织在孤独症儿童职业教育中具有潜在的重要作用，但其支持力度往往不足。由于资金和人力资源的限制，许多社会组织难以开展大规模和持续性的项目，无法为孤独症儿童提供长期稳定的支持。这种资源限制还导致社会组织在项目实施和影响力方面表现欠佳。与企业和政府的合作不紧密也是一个问题，缺乏资源整合和协同效应，使得支持孤独症儿童的职业教育项目难以取得理想的效果。要加强社会组织的支持力度，需要通过增加资金投入、提供专业培训和促进跨部门合作来增强其能力，使其能更有效地支持孤独症儿童的职业教育。

3. 缺乏良好的合作机制

孤独症儿童职业教育的有效开展需要企业、社会组织和职业教育机构之间的密切合作,但目前各方缺乏有效的合作机制。企业不清楚如何与职业教育机构和社会组织合作,而这些组织也往往缺乏与企业建立联系的经验和渠道,导致各方资源难以整合。缺乏合作机制直接影响了孤独症儿童在职业教育和就业支持方面的效果。为了弥补这一不足,需要建立完善的合作平台,促进企业、社会组织和教育机构之间的资源共享和协同合作。政府应在其中发挥协调作用,推动各方建立长期稳定的合作关系,确保孤独症儿童能够获得全面而有效的支持。

第三章 孤独症儿童的就业现状

一、就业机会稀缺

(一)企业对孤独症儿童认可度低

1. 公众对孤独症的认知不足

孤独症儿童在社交、沟通和行为方面表现出的不同,常被误解为不良行为或教育缺失。由于公众对孤独症缺乏全面认知,这些儿童及其家庭在日常生活中常面临歧视和孤立。这种认知不足限制了孤独症儿童的社会融入,也影响了他们的教育和职业发展机会。要改善这一现状,必须通过媒体宣传、社区教育和公共活动,广泛普及孤独症知识,增进社会对孤独症的理解和接纳。

2. 企业对孤独症儿童能力的低估

许多企业对孤独症儿童的能力存在普遍低估,认为他们无法胜任复杂工作或影响工作效率,因而对雇佣孤独症儿童持保留态度。这种误解导致孤独症儿童在就业市场上处于不利地位,难以获得公平的工作机会。事实上,孤独症儿童在适合的岗位上可以发挥独特的专注力和细致性，表现出色。企业应加强对孤独症的了解，认识到孤独症患者的潜力和价值，为他们提供更多的就业机会。

3. 孤独症相关知识普及不足

社会各界对孤独症相关知识的普及严重不足，导致学校、社区和工作场所对孤独症儿童的理解和支持有限。教师、同事和管理者在面对孤独症儿童时，常因缺乏知识而感到无所适从。这不仅影响孤独症儿童的教育和职业发展，也增加了他们在社会交往中的困难。通过广泛的知识普及和培训教育，可以提高社会对孤独症的了解，减少误解和歧视，为孤独症儿童提供更多支持。

4. 对孤独症儿童的偏见和歧视

社会对孤独症儿童的偏见和歧视现象仍然严重，影响了他们在教育、就业和社交中的机会。这些偏见源于对孤独症的误解，将孤独症儿童的社交困难视为故意的反社会行为，而非其发育障碍的表现。这种错误认知导致孤独症儿童在社会中遭遇排斥和孤立。消除这些偏见和歧视，需要通过教育和宣传，提升公众对孤独症的认识，营造更包容的社会环境。

5. 缺乏关于孤独症的教育和培训项目

目前社会缺乏系统的孤独症教育和培训项目，使得教育工作者、企业管理者和社区成员在面对孤独症儿童时，缺乏有效的应对策略和支持措施。这种教育和培训的缺乏，直接影响了孤独症儿童在教育和职业发展中获得支持的机会。系统的培训项目应涵盖孤独症的基础知识、应对策略和支持措施，帮助相关人员更好地理解和支持孤独症儿童，从而为他们创造更包容的社会环境。

（二）企业参与积极性低

1. 企业担心管理和培训成本

企业在考虑雇佣孤独症儿童时，通常会担心增加管理和培训成本。孤独症儿童在工作中可能需要特殊的支持和辅导，这要求企业投入额外的资源来培训管理人员和同事，使他们了解如何有效地与孤独症员工合作。企业可能需要调整工作环境和流程，以适应孤独症儿童的特殊需求，这也会带来额外的费用。由于这些潜在的成本增加，使得许多企业对雇佣孤独症儿童持谨慎态度，担心这些投入无法带来相应的回报。解决这一问题需要政府和社会提供相应的支持，如财政补贴和专业培训服务，帮助企业降低成本，鼓励更多的企业积极参与孤独症儿童的就业支持。企业内部也应加强对孤独症员工的理解和包容，认识到这些投入不仅是对孤独症儿童的支持，也是对社会责任的履行。

2. 对孤独症儿童适应性的担忧

孤独症儿童在社交和沟通方面可能存在挑战，这使得企业担心他们无法有效融入团队，与同事和客户进行顺畅互动。孤独症儿童对环境变化和突发事件的反应可能较为敏感，这增加了他们在工作中的适应难度。这些担忧使企业在雇佣孤独症儿童时显得犹豫不决。孤独症儿童在稳定的环境和适当的支持下，能够表现出极强的专注力和工作能力。通过提供个性化的支持和培训，企业可以帮助孤独症儿童逐步适应工作环境，进而发挥其潜力。企业应克服对孤独症儿童适应性的担忧，通过建立包容和支持性的工作环境，帮助他们顺利融入和发展。

3. 缺乏政策激励措施

有效的政策激励措施，如税收减免、财政补贴和公共认可，可以显著提高企业的积极性，鼓励更多企业积极参与孤独症儿童的就业支持工作。[3]没有这些激励措施，企业很难看到雇佣孤独症儿童带来的直接经济利益，从而对这类雇佣决策持保留态度。政府和社会应制定和实施有力的政策，鼓励企业雇佣孤独症儿童，同时提供必要的资源和支持，帮助企业解决在管理和培训方面的困难。通过这些激励措施，可以促使更多企业参与孤独症儿童的就业支持，提升他们的就业率和工作质量。如图3-1所示：

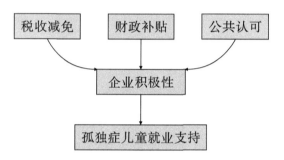

图3-1　孤独症儿童就业支持的政策激励措施

4. 对雇佣孤独症儿童的成功案例了解不足

企业对雇佣孤独症儿童的成功案例了解不足，导致许多企业在决策时缺乏信心和参考依据。成功案例可以展示孤独症儿童在不同工作岗位上的表现和贡献，提供具体的操作经验和策略，帮助企业认识到雇佣孤独症儿童的可行性和价值。由于缺乏这方面的成功案例和正面宣传，许多企业对孤独症儿童的能力和潜力存有疑虑，难以主动尝试雇佣他们。通过分享和推广孤独症儿童成功就业的案例，可以改变企业的观念，增强他们的信心，推动更多企业尝试雇佣孤独症儿童。政府、社会组织和媒体应积极挖掘和宣传这些成功案例，展示孤独症儿童在工作中的优秀表现和实际贡献，为其他企业提供参考和激励，增加孤独症儿童的就业机会和职业发展机会。

5. 企业文化中缺乏包容性

企业的文化和管理模式未能充分体现包容性，对孤独症儿童的特殊需求缺乏理解和支持。这种文化上的缺失，使孤独症儿童在工作中难以感受到归属感和安全感，进而影响他们的工作表现和职业发展。要改善这一状况，企业需要从根本上改变其文化，重视多样性和包容性，通过培训和教育提高员工和管理层对孤独症的认识和理解。企业应制定和实施包容性政策和实践，为孤独症儿童提供必要的支持和资源，确保他们能够在工作环境中得到公平的对待和充分的发展机会。

（三）职业教育资源不足

1. 职业教育机构数量有限

职业教育机构数量不足，导致了无法满足日益增长的职业技能教育需求。随着经济结构的转型升级和产业结构的调整，社会对技能型人才的需求量大幅度增加，但由于职业教育机构的数量不足，导致职业教育的可及性和覆盖面有限。很多地区的学生由于距离和资源不足等原因，无法享受到充分的职业教育资源。职业教育机构的布局不均衡，城乡差异明显，导致职业教育资源的区域分布不平衡。农村及偏远地区的职业教育机构数量少、设施差，难以满足当地学生的职业技能培养需求，这进一步拉大了城乡教育资源的差距。职业教育机构数量的有限，还引发了教育资源配置上的紧张和学生入学竞争的激烈。由于供需关系的不平衡，许多职业教育机构面临着学生数量过多，无法为每个学生提供充分的教学资源的困境。

2. 专业师资力量缺乏

职业教育教师不仅需要具备扎实的理论知识，还需要拥有丰富的实践经验，以便能够有效地将理论与实践相结合传授给学生。但现实情况是，许多职业教育教师缺乏行业实际工作经验，仅凭理论知识授课，难以满足职业教育的实际需求。这种状况导致了学生所学知识与实际工作需求脱节，降低了职业教育的有效性和实用性。职业教育教师的专业发展机会有限，职业晋升通道不畅，也导致了师资队伍的不稳定和人才流失现象的加剧。由于职业教育教师的职业发展路径不明确，薪资待遇较低，许多优秀的教师选择离开教育岗位，转而进入企业或其他行业发展。

3. 课程设计缺乏个性化

课程内容多以行业基础知识和普遍技能为主，而对于个别领域的深度探索和特定岗位的专业技能训练相对薄弱。这种一刀切的课程设计忽视了学生的个体差异，使得学生在学习过程中缺乏兴趣和动力，难以发挥自身潜力。职业教育课程内容更新滞后，未能及时反映行业发展的最新动态和企业用人需求。随着技术进步和产业升级，市场对技能人才的要求不断变化，而职业教育课程内容却未能随之调整，导致学生所学知识与市场需求脱节。这种课程设计上的滞后性，使得学生在毕业后难以快速适应工作岗位，影响了他们的就业竞争力。职业教育课程设计中还存在实践与理论脱节的问题。

4. 实践操作机会少

职业教育机构在课程设置上实践课占比较低，很多课程依然以理论讲授为主，实际操作内容有限。这种情况导致学生在学习过程中无法将理论知识与实践技能有效结合，学习效果大打折扣。职业教育机构的校企合作机制不健全，企业参与职业教育的积极性不高，导致学生缺乏在真实工作环境中实践的机会。尽管一些职业教育机构与企业签订了合作协议，但合作内容大多停留在形式上，未能真正将企业资源和教育资源有效整合。学生在企业中的实习多流于形式，缺乏系统的培训和实际操作机会，无法通过实践积累足够的工作经验和职业技能。

5. 职业教育设施设备不完善

学生在学校使用的设备往往与企业实际使用的设备存在代差，这导致学生毕业后难以迅速适应工作环境，影响了他们的就业和职业发展。职业教育机构的基础设施建设滞后，教学环境不佳，影响了学生的学习体验和动手能力的培养。许多职业教育机构的实训车间、实验室面积不足，设备数量有限，无法同时容纳大量学生进行实践操作。这种情况下，学生只能轮流使用设备，实践操作时间大大缩短，难以保证每个学生都能得到充分的训练。教学环境的不完善还包括教学楼老旧、教室设备陈旧、网络设施不健全等问题，这些都对学生的学习效果产生了不利影响。职业教育设施设备不完善，还表现在职业教育机构的资金投入不足，导致实训基地建设滞后。

(四)就业支持体系不健全

1. 缺乏专门的就业支持服务

就业支持服务的缺失直接影响了学生的就业成功率，甚至使他们难以将所学知识转化为就业优势。职业教育机构应提供涵盖就业信息获取、简历撰写、面试技巧培训等多方面的服务，帮助学生了解劳动力市场需求，制订合理的职业发展计划。然而，许多职业教育机构由于资源有限，无法提供系统化的就业支持，导致学生在求职过程中缺乏指导，面对激烈的就业竞争时处于劣势。此外，就业支持服务的不足也反映了职业教育机构与企业之间的合作不紧密，无法为学生提供针对性的就业指导。

2. 职业咨询和指导不足

职业教育机构对职业咨询和指导的重视不足，未能将其系统化实施，导致学生在职业选择和发展过程中缺乏专业支持。由于缺少专业的职业指导人员，学生在求职时往往依赖主观判断或偶然因素，缺乏科学的决策依据。同时，职业指导内容单一，局限于就业信息传达，未能深入探讨学生的个体需求和职业规划。缺乏持续性的职业咨询支持，使得学生在不同学习阶段难以获得有效指导，影响职业素养和发展能力的形成。

3. 就业配对机制不完善

就业配对机制不完善，主要体现在职业教育机构与企业之间的合作不够紧密，导致就业信息不对称，配对效率低下。学生的职业技能与市场需求难以匹配，导致他们毕业后难以找到合适的工作岗位。此外，职业教育机构对学生的个体需求了解不深入，未能提供个性化的就业配对方案，导致学生在求职中面临信息泛化和选择盲目性的问题。这种机制的不足不仅影响学生的就业质量，也降低了职业教育机构的整体声誉。

4. 缺乏长期的就业跟踪和支持

许多职业教育机构在学生毕业后未能进行系统的就业跟踪和支持，导致难以掌握毕业生的职业发展情况。毕业生在职场中遇到困难时，缺乏来自母校的持续支持，容易陷入职业困境。此外，职业教育机构未能为毕业生提供持续的职业培训和发展支持，使得他们在职业生涯中缺乏指导和明确的发展路径，影响职业成长和稳定性。长期就业支持的缺乏也影响了职业教育机构与企业的持续合作，削弱了对学生的就业帮助。

5. 社区和家庭的支持不够

社区和家庭对职业教育的支持不足，首先表现在家长对职业教育的认知不足，认为职业教育不如普通教育，担心其职业前景，导致学生缺乏家庭支持。社区在职业教育中的参与度也不高，未能充分利用资源为学生提供实践场所、就业信息和职业指导，限制了职业教育的实际效果。这种支持的缺乏不仅削弱了学生的学习动力，还影响了他们对职业教育的认同感和选择积极性。社区和家庭的参与不足，使职业教育机构在资源和支持方面面临困境，影响学生的全面发展和就业机会。

（五）政策和法规不完善

1. 缺乏专门针对孤独症儿童的就业政策

孤独症儿童在沟通、社交和行为方面的障碍使得他们难以适应常规的就业培训和辅导，现有的就业政策通常只考虑一般残障人士的需求，忽略了孤独症儿童的特殊性。他们在就业过程中需要更为个性化的支持，如工作环境适应训练和面试时的特殊沟通帮助。然而，缺乏专门的政策指导，使得这些需求难以得到满足，企业也因此在雇佣孤独症儿童时面临困境，担心无法提供合适的工作环境。这不仅限制了孤独症儿童的职业发展，也阻碍了社会的包容性和公平性。

2. 现有法规执行力度不足

虽然一些法规规定企业应为孤独症儿童提供就业机会，但在实际操作中，法规执行力度不足。缺乏具体的执行细则和有效的激励措施，使得企业在落实这些规定时面临困难。此外，社会对孤独症儿童就业问题的关注度不高，企业缺乏相关意识和培训，导致法规执行效果大打折扣。违规行为的处罚不严，以及孤独症儿童及其家庭缺乏有效的投诉渠道，使得他们的就业权益难以得到保障，影响了他们的职业发展机会。

3. 资金和资源分配不合理

孤独症儿童的就业支持资金和资源分配存在区域不均衡和使用效率低下的问题。经济发达地区可能有较多的资源，而经济欠发达地区则资源匮乏，孤独症儿童在这些地区面临更大的就业挑战。此外，资金和资源的使用缺乏科学规划和管理，导致资源浪费，使真正用于孤独症儿童就业支持的投入存在明显不足。专业人才的匮乏进一步加剧了这一问题，孤独症儿童难以获得所需的专业指导和支持，影响了他们的就业和职业发展。

4. 缺乏政策的监督和评估机制

现有孤独症儿童就业支持政策缺乏有效的监督和评估机制，导致政策实施效果难以监测和保障。没有专门机构对政策的实施进行跟踪和评估，使得政策的原定目标难以实现，即使执行中出现问题，也难以及时发现和纠正。此外，政策执行中的不规范操作和形式主义现象普遍存在，政策落实往往流于表面，难以真正惠及孤独症儿童。有效的监督和评估机制对于确保政策的有效实施至关重要。

5. 政策制定过程中孤独症儿童的声音缺失

在孤独症儿童就业支持政策的制定过程中，他们的需求和声音往往被忽视。缺乏参与机制使孤独症儿童及其家庭难以在政策制定过程中表达自己的实际需求，即便有形式上的参与，实际意见也难以得到采纳。此外，政策制定缺乏对孤独症儿童需求的深入调查和研究，更多依赖于理论分析和宏观数据，难以反映他们的个体需求。这种情况下，政策难以做到有的放矢，无法满足孤独症儿童的实际需求，影响了政策的科学性和有效性。

二、就业质量不高

（一）工作岗位单一

1. 岗位类型局限

传统制造业和服务业中尤为突出，这些行业往往提供的是固定类型的岗位，且这些岗位长期未发生显著变化。这种岗位类型的局限不仅影响了求职者的就业质量，也制约了企业和行业的发展。岗位类型局限还导致了劳动力市场的供需失衡。由于市场上能够提供的岗位类型有限，许多求职者不得不在相对狭窄的岗位范围内竞争，导致某些岗位的竞争异常激烈，而其他领域的岗位则无人问津。这种情况不仅加剧了就业难的问题，也可能导致人才的浪费。许多具备多样化技能和潜力的求职者，因为岗位类型的局限而无法找到适合发挥其才能的工作，从而影响了个人职业发展的可能性和社会的整体生产力。岗位类型的局限性也使得劳动力市场难以适应快速变化的经济环境和技术进步。在数字化转型和新兴产业崛起的背景下，许多传统岗位正在被淘汰或转型，而新的岗位类型则发展缓慢。

2. 缺乏多样化的就业选择

就业市场在提供多样化就业选择方面存在明显的不足，这一问题在特定行业和职业领域尤为明显。由于就业选择的单一性，求职者在职业选择时受到较大限制，难以找到符合自己职业兴趣和职业规划的工作机会。就业选择的多样性不足，首先体现在行业和职业领域的集中度过高。某些行业和职业领域的岗位往往吸引了大量的求职者，但这些岗位的类型相对固定，未能充分反映出劳动力市场的多样化需求。而其他行业和领域的就业机会相对较少，且就业门槛较高，导致许多求职者无法进入这些行业。缺乏多样化的就业选择，还对求职者的职业发展和生活质量产生了深远的影响。单一的就业选择使得许多求职者不得不接受并不完全符合自身期望的工作，这种妥协往往导致工作满意度的下降，影响个人的职业成就感和幸福感。单一的就业选择也限制了求职者的职业发展路径，导致职业成长空间受限。在现代社会，职业发展路径的多样化是实现个人职业成功的关键，但就业选择的单一性使得许多求职者难以在职场上实现这种多样化的发展。

3. 大部分岗位集中在低技术含量领域

岗位分布的不均衡性不仅影响了劳动者的职业发展，也对经济结构的优化和产业升级形成了制约。低技术含量的岗位通常要求较少的专业知识和技能，劳动者易于上手，但这种岗位的重复性高，发展空间有限，难以提供长期的职业成长机会。大部分岗位集中在低技术含量领域，还导致了劳动力市场的结构性问题。这些岗位往往集中在制造业、服务业和一些传统行业中，随着自动化和人工智能技术的普及，这些岗位面临着被机器取代的风险。劳动者在这些岗位上长期工作，技能提升机会有限，一旦岗位消失或转型，他们将面临巨大的就业压力和再就业困难。低技术含量岗位的集中，还反映了教育和职业培训系统与市场需求之间的不匹配。许多劳动者因为教育和培训资源的限制，无法进入技术含量较高的行业和岗位。这种教育与市场需求的错位，使得劳动者只能选择低技术含量的工作，难以通过职业发展实现社会流动和个人价值的提升。同时，这种情况也阻碍了高技术产业的发展，限制了经济的创新能力和国际竞争力。低技术含量岗位的集中，还容易导致劳动者的职业发展路径单一。许多劳动者在这些岗位上工作多年，技能和知识储备未能随着时间的推移而得到提升，这使得他们在面对职业转型和产业变化时，缺乏必要的适应能力。

4. 重复性高的工作任务

在许多行业和岗位中，重复性高的工作任务是劳动者日常工作的一部分。这些任务通常不需要复杂的决策能力或创造性思维，劳动者需要在相对固定的程序和规则下进行操作。尽管这些工作任务对某些产业的运行和生产效率至关重要，但其高重复性也给劳动者带来了多方面的挑战。重复性高的工作任务容易导致劳动者的工作倦怠和职业疲劳。长时间从事单一、重复的任务，使劳动者的工作动力和工作满意度下降。这种情况尤其容易在低技术含量的岗位中出现，因为这些岗位通常缺乏变化和挑战性，劳动者难以从中获得成就感。重复性高的工作任务还限制了劳动者的职业技能发展。在这些岗位上，劳动者往往只需要掌握有限的操作技能，而难以接触到更为复杂和多样化的工作内容。这种技能发展的受限，使劳动者在职业生涯中难以积累更多的知识和经验，进而影响他们的职业发展和晋升机会。随着职业技能需求的不断变化，这些劳动者在面对职场竞争时，可能会处于不利地位，难以适应新兴行业和技术的要求。重复性高的工作任务对劳动者的创造力和创新能力也产生了负面影响。劳动者在重复性任务中难以发挥个人的创造性思维，逐渐失去对工作的兴趣和热情。

5. 缺乏技术培训和技能提升机会

行业和岗位存在缺乏技术培训和技能提升机会的问题，这不仅限制了劳动者的职业成长，也对企业的长远发展产生了不利影响。缺乏技术培训的劳动者难以跟上技术进步的步伐，导致他们的职业竞争力下降。缺乏技术培训和技能提升机会，首先体现在企业对培训的重视程度不足。许多企业，特别是中小企业，出于成本考虑，往往忽视对员工的技术培训和职业发展投资。劳动者在这些企业中工作多年，却难以获得提升技能的机会，职业发展停滞不前。企业短视的培训政策，不仅影响了劳动者的职业前景，也削弱了企业自身的创新能力和竞争力。许多劳动者在工作中缺乏积极参与培训的动机和机会。没有系统的培训计划和职业发展规划，劳动者在工作中难以积累足够的技术和知识，导致他们在职业发展中遇到瓶颈，难以实现更高层次的职业目标。技能培训和提升机会的缺乏还导致了劳动力市场上的技能错配现象。许多劳动者在就业初期未能获得充分的培训，导致其技能与市场需求不符，难以在工作中发挥最大效能。这种技能错配现象，不仅影响了劳动者个人的职业发展，也对企业的人才使用效率和整体经济发展造成不良影响。缺乏技术培训和技能提升机会也对社会的经济发展产生了负面影响。在全球化和技术进步的背景下，劳动者技能的不断提升是国家经济竞争力的重要保障。

（二）工资待遇低

1. 薪资水平低于市场平均

薪资低于市场平均的现象在一些传统行业和基层岗位尤为普遍，这些岗位的薪资待遇往往缺乏竞争力，难以吸引和留住优秀的员工。薪资水平低于市场平均，首先影响的是员工的生活满意度和工作动力。薪资是员工劳动付出的直接回报，薪资水平过低使得员工难以满足基本生活需求，进而对工作产生负面情绪。长期处于低薪状态的员工容易出现工作倦怠感，缺乏工作积极性和责任心，这不仅影响了员工个人的职业发展，也降低了企业的整体工作效率。低于市场平均的薪资水平还使企业在人才市场上处于劣势。随着市场竞争的加剧，高技能人才和专业人才的需求不断增加，而薪资水平低的企业难以与提供更高薪酬的竞争对手相抗衡。优秀人才往往更倾向于选择那些能够提供更高薪酬和更好发展前景的企业，这使得薪资水平低的企业在人才招聘中处于不利地位，难以吸引到合适的人才，从而影响企业的创新能力和市场竞争力。薪资水平低于市场平均还可能导致高离职率的问题。员工在意识到市场上存在更高薪酬的机会时，往往会选择跳槽到薪资更高的企业。

2. 缺乏绩效奖励和晋升机制

缺乏绩效奖励和晋升机制，使得员工难以通过努力工作获得相应的回报和提升机会，这对个人的职业规划和企业的长远发展都带来了不利影响。缺乏绩效奖励和晋升机制，使得员工的努力和贡献难以得到应有的认可和回报。绩效奖励机制的缺失，意味着无论员工工作表现如何，获得的回报都趋于平衡，这在一定程度上削弱了员工的工作积极性和创造力。员工在工作中缺乏明确的目标和上进心，容易产生"多做多错，少做少错"的消极心态，工作效率和工作质量因此受到影响。

缺乏晋升机制也对员工的职业发展带来了消极影响。晋升机制的不健全使得员工在职业生涯中看不到发展的前景，难以通过努力工作获得职位上的提升。这种职业发展受阻的局面，使得员工的职业规划难以实现，导致员工的长期工作满意度下降，职业成就感难以形成。员工在缺乏晋升机会的情况下，往往会选择离职寻求更好的发展机会，这对企业的人才保留和业务连续性产生了负面影响。绩效奖励和晋升机制的缺乏还可能导致企业文化的消极化。员工在工作中无法通过个人努力获得认可和提升，容易产生不公平感，这种情绪一旦蔓延，将对整个团队的士气产生消极影响。

3. 福利待遇不完善

企业在福利待遇方面存在明显的不完善之处，这种情况在中小企业和传统行业中尤为普遍。福利待遇不完善，直接影响了员工的生活质量和工作动力，进而对企业的长期发展产生不利影响。福利待遇不完善，首先体现在基本保障措施的缺失或不足。许多企业为了节省成本，在员工的基本福利，如社会保险、医疗保障、住房补贴等方面提供的支持有限。员工在工作中缺乏基本的保障，容易产生对企业的不满情绪，影响工作积极性和忠诚度。这种不完善的福利待遇使得员工的生活质量受到影响，工作中的压力和焦虑感加剧，从而影响到整体工作表现和工作效率。

福利待遇的不完善还体现在缺乏个性化和人性化的福利设计。现代企业的福利体系应当根据员工的不同需求和生活阶段进行个性化设计，如提供灵活的工作时间、远程办公支持、员工心理辅导等。许多企业在这些方面的考虑不足，未能充分关注员工的个性化需求，导致福利体系的吸引力不足。员工在缺乏个性化福利的情况下，难以在企业中找到归属感和认同感，长此以往，容易导致员工的工作满意度下降，影响其在企业的长期发展和稳定性。福利待遇的不完善还对企业的雇主品牌形象产生了负面影响。在竞争激烈的劳动力市场中，企业的福利待遇是吸引优秀人才的重要因素。

4. 无加班工资和其他补贴

企业在处理加班问题时，存在无加班工资和缺乏其他补贴的情况，这不仅侵犯了员工的合法权益，也对员工的工作积极性和企业的声誉产生了负面影响。无加班工资和其他补贴的现象，反映了企业在员工管理和成本控制上的不合理做法。无加班工资和其他补贴，使得员工的劳动付出得不到应有的回报。员工完成正常工作时间之外的加班任务，应当获得相应的报酬和补贴，以体现其额外的劳动贡献。一些企业为减少成本支出，采取了不给加班工资或补贴的做法，这不仅违反了劳动法的相关规定，也使得员工在工作中的付出得不到应有的认可。员工在长期无加班工资的情况下，容易产生不满情绪，工作积极性和忠诚度下降，进而影响到整体的工作效率和团队合作。

无加班工资和其他补贴的现象还反映了企业在员工福利管理上的不足。现代企业应当关注员工的工作负担和生活平衡，通过合理的工作安排和补贴措施，减轻员工的压力，提升其工作满意度。无加班补贴的企业，往往忽视了员工的工作负担和压力管理，使得员工在工作中感到被剥削和不公平。这种不公平感不仅影响了员工的职业发展信心，还可能导致高离职率和人才流失的问题。无加班工资和其他补贴的现象还对企业的外部形象产生了负面影响。在当今社会，企业的雇主形象和社会责任感受到广泛关注。

5. 工资增长空间有限

工资增长空间有限，直接影响了员工的工作动力和职业发展前景，进而对企业的长期稳定发展产生不利影响。工资增长空间有限，首先体现在企业的薪酬体系僵化和缺乏灵活性。许多企业的薪酬体系固定，工资增长幅度小且周期长，员工难以通过努力工作或提升技能获得显著的薪酬提升。这种僵化的薪酬体系，使得员工在职业生涯中看不到明确的进步路径，缺乏职业发展的动力。长期处于薪资停滞状态的员工，容易产生职业倦怠感和离职倾向，影响企业的人才保留和团队稳定性。

工资增长空间有限还体现在企业缺乏有效的激励机制。现代企业应当通过绩效考核和奖励机制，为员工提供公平和透明的工资增长机会。许多企业在绩效管理和激励机制上存在不足，员工的工资增长往往与其工作表现和贡献无关。这种情况不仅削弱了员工的工作积极性,也影响了企业的整体绩效和竞争力。员工在缺乏工资增长机会的情况下,往往会寻求其他更具吸引力的工作机会,导致企业面临高离职率和人才流失的风险。工资增长空间有限还对员工的职业规划和生活质量产生了长期影响。薪资增长是员工职业成功的重要标志,也是提高生活质量的关键因素。有限的工资增长空间,使得员工在职业生涯中难以实现收入的显著提升,进而影响到个人的生活质量和职业成就感。随着生活成本的上升,工资增长缓慢的员工将面临更大的经济压力,这种压力可能影响他们的工作表现和职业发展信心。

(三)职业发展空间狭窄

1. 缺乏职业晋升渠道

缺乏明确的职业晋升渠道,使得员工在职场中难以看到发展的希望和动力,长期处于职业停滞状态。企业内部的层级结构不合理或者晋升机制不透明,导致员工无论在工作表现上多么出色,都难以获得职位上的提升。这种情况不仅挫伤了员工的积极性,也削弱了企业的竞争力和吸引力。缺乏职业晋升渠道,还意味着员工的职业发展路径被人为限制。许多企业未能为员工提供明确的职业晋升通道,员工难以通过努力工作获得职位和薪酬的提升。这种情况下,员工的职业发展缺乏方向感和目标感,容易产生职业倦怠感和工作消极情绪。职业晋升渠道的缺失,使得员工在职场中看不到发展的前景,长此以往,这种无望的工作状态将对员工的职业成长产生长期的负面影响。企业往往重视当前的业务需求,而忽视了对员工的长期培养和发展规划。没有清晰的晋升机制和人才梯队建设,导致企业内部的优秀人才得不到应有的重视和培养。这不仅影响了员工的个人发展，也导致企业在人才竞争中处于劣势，难以吸引和保留高素质的员工。职业晋升渠道的缺乏还可能导致企业内部的人才流失。员工在看不到晋升机会的情况下，往往会选择离开企业，寻找其他具有发展潜力的工作机会。

2. 岗位内部流动性小

在许多企业中，岗位内部调动的机会非常有限，这种情况限制了员工的职业发展空间，也影响了他们的工作满意度和积极性。岗位调动机会的稀缺，意味着员工在职场中难以获得新的挑战和成长机会，长期停留在同一岗位上，容易产生职业倦怠感和工作疲劳。岗位内部调动机会少，还反映了企业在人才使用上的僵化和保守。许多企业在员工岗位调动上缺乏灵活性，或者因为担心影响业务的连续性，而不愿意进行岗位调整。这种僵化的用人策略，使得员工难以通过内部调动获得新的职业发展机会，限制了他们的职业成长和技能拓展。

内部调动机会少，还影响了员工的职业发展规划和职业生涯的丰富性。通过岗位调动，员工可以接触到不同的工作领域和业务模块，积累多样化的职业经验。缺乏这种机会的员工，在职业发展中容易陷入单一的职业路径，缺乏对不同工作领域的了解和掌握。这种职业发展的单一性，不仅限制了员工的个人成长，也影响了企业的人才储备和创新能力。岗位内部调动机会少，也对企业的整体运营产生了不利影响。员工在同一岗位上长期工作，难以获得新的工作动力和挑战，容易导致工作效率下降和创新能力不足。缺乏内部调动机会的企业，在应对业务变化和市场需求时，难以灵活调整人力资源，影响了企业的应变能力和市场竞争力。通过合理的内部调动，企业可以更好地配置人力资源，提升整体运营效率和员工满意度。

3. 无职业规划和发展指导

职业规划和发展指导是员工职业成长的重要支持系统，通过专业的指导，员工可以明确职业目标，制订切实可行的发展路径。许多企业在这方面存在明显的缺失，未能为员工提供系统的职业规划和发展指导。这种情况导致员工在职业生涯中缺乏方向感，难以实现个人的职业目标和发展潜力。职业规划的缺失，使得员工在职业生涯中处于被动状态，难以主动掌握自己的职业发展方向。无职业规划和发展指导，还反映了企业在人才培养和发展上的短视。企业往往将员工视为完成当前任务的工具，而忽视了对员工长期职业发展的关注。缺乏职业规划的支持，使得员工在职业生涯中难以获得清晰的发展路径，影响了他们的工作积极性和职业成就感。

职业规划和发展指导的缺失，还对员工的职业成长和企业的长远发展产生了不利影响。员工在职业生涯中无法获得专业的指导和支持，难以通过有效的职业规划实现个人的职业目标。这不仅影响了员工的职业发展信心，也导致企业内部的人才储备不足，难以满足未来业务发展的需求。缺乏职业规划的企业，往往在人才使用上缺乏系统性和前瞻性，难以建立起稳定和高效的人才梯队，影响企业的可持续发展。无职业规划和发展指导，还可能导致员工的职业发展停滞。员工在缺乏明确职业目标和指导的情况下，往往会陷入职业发展的瓶颈，难以找到突破口。

4. 长期处于低层次职位

长期处于低层次职位的员工，往往面临职业倦怠感和工作动力不足的问题，这不仅影响了员工个人的职业成长，也对企业的整体效率产生了不利影响。长期处于低层次职位，还反映了企业在晋升机制和人才使用上的问题。许多企业未能为员工提供公平的晋升机会，或者晋升机制不透明，导致员工难以通过努力工作获得职位的提升。这种情况下，员工在职业生涯中难以看到发展的前景，容易产生消极情绪和工作倦怠感。低层次职位的长期维持，使得员工的职业发展路径受到限制，难以实现个人的职业目标并发挥其潜力。

在低层次职位上，员工的工作内容往往较为固定，技能提升机会有限，难以接触到更高层次的工作任务和责任。这种情况使得员工的职业技能难以得到充分的锻炼和发展，职业素养也难以在实践中得到提升。长期处于这种职位状态的员工，在面对职业转型和市场竞争时，往往处于不利地位，难以适应新的工作要求和挑战。长期处于低层次职位还可能导致员工的职业发展信心下降。员工在职业生涯中难以看到晋升的希望和发展的前景，容易产生自我怀疑和职业困惑。这种职业发展信心的缺失，不仅影响了员工的工作表现，也削弱了其在职场中的竞争力和市场价值。

5. 职业生涯缺乏多样性和挑战性

许多员工在职业生涯中缺乏多样性和挑战性，导致其职业发展停滞，工作满意度下降。职业生涯的单一性，使得员工在职场中难以获得新的成长机会并取得职业突破，长期处于职业发展的瓶颈状态。职业生涯缺乏多样性和挑战性，还反映了企业在工作设计和岗位管理上的不足。许多企业在岗位设计上缺乏创新性和灵活性，员工长期从事单一的工作任务，难以接触到新的工作内容和挑战。这种情况下，员工的职业发展路径变得狭窄，难以通过不同岗位的轮换和挑战实现职业成长。职业生涯的单一性，使得员工的工作动力和创造力逐渐下降，影响了整体的工作效率和团队合作。

员工在单一的工作环境中难以获得全面的职业技能和经验积累，职业素养也难以得到提升。这种情况下，员工的职业发展受限，难以在职场中实现自我价值和职业目标。缺乏多样性和挑战性的职业生涯，使得员工的职业成就感难以形成，长期的工作疲劳感和职业倦怠感逐渐积累，影响了员工的职业发展信心和工作满意度。职业生涯的单一性和缺乏挑战性，还对企业的创新能力和市场竞争力产生了不利影响。员工在缺乏挑战性的工作环境中，难以发挥其创造力和创新潜力，企业的业务发展和市场应变能力因此受到限制。企业未能为员工提供多样化和具有挑战性的职业发展机会，导致员工的职业成长受限，人才梯队的建设也难以形成。

（四）工作环境不友好

1. 缺乏对孤独症儿童的合理照顾

孤独症儿童往往得不到应有的合理照顾，这不仅影响了他们的日常生活，也对其心理和情感发展带来了负面影响。合理照顾的缺乏，表现在家庭、学校和社会服务机构中，导致这些儿童的特殊需求未能得到及时和有效的满足。在家庭环境中，孤独症儿童应得到的合理照顾常常因为家长缺乏专业知识和资源而受到限制。许多家长虽然对孩子的特殊需求有一定的了解，但由于缺乏足够的支持和指导，难以提供科学的照顾和教育方式。家庭资源的不足，如经济条件限制和社会支持系统的缺失，使得孤独症儿童无法获得必要的治疗、康复和教育服务。

学校作为孤独症儿童的重要成长环境，同样面临着提供的合理照顾不足的问题。许多学校缺乏专门的教育资源和专业教师，无法为孤独症儿童提供个性化的教育计划和支持。孤独症儿童在学校环境中，常常因教学方式不适合或缺乏个性化支持而感到压力和困惑，影响了他们的学习效果和社交能力的发展。学校在硬件设施和教育资源上的不足，也限制了对孤独症儿童合理照顾的实施，导致他们难以融入集体生活，逐渐形成社会孤立感。社会服务机构作为孤独症儿童的重要支持体系，其服务的质量和覆盖范围也直接影响到这些儿童得到的合理照顾的程度。许多地区的社会服务机构在孤独症儿童的服务上存在资源不足和服务能力有限的问题，难以提供持续性和系统性的支持。

2. 工作环境中的歧视和偏见

社会对孤独症的认识有所提高，但在实际工作场所中，孤独症员工常常因为他们的行为、沟通方式或工作方式与众不同而被孤立或遭受不公正对待。工作环境中的歧视和偏见，往往源于同事和上司对孤独症缺乏理解和认识。孤独症人士的独特性，例如在社交互动上的困难、沟通方式的差异或对特定环境的敏感，常常被误解为能力不足或不合作。这种误解导致了对他们的不公平评价和待遇，进一步加深了他们在工作场所中的孤立感。

工作环境中的歧视和偏见还可能体现在孤独症员工的职业晋升和职业发展上。由于固有的偏见和对孤独症的误解，孤独症员工往往被认为不具备承担更高责任或管理职位的能力，导致他们在职业生涯中面临更多的限制和障碍。即使孤独症员工表现出色，他们仍可能因为这些偏见而被忽视或边缘化，难以获得与其他员工平等的晋升机会。这种歧视和偏见不仅影响了孤独症员工的职业发展，还对工作场所的整体文化和氛围产生了负面影响。一个包容性不足的工作环境，不仅对孤独症员工造成了伤害，也削弱了整个团队的凝聚力和创造力。歧视和偏见的存在，使得工作场所中的多样性和包容性无法得到真正的体现，进而影响了企业的创新能力和市场竞争力。

3. 缺乏适应性和包容性的工作氛围

缺乏适应性和包容性的工作氛围，不仅影响孤独症员工的工作效率和心理健康，也会对企业的多样性管理和团队合作产生不利影响。适应性不足的环境未能考虑孤独症员工的特殊需求，如任务安排、沟通方式和工作空间设置等，导致他们在工作中感到压力和不安，影响职业发展。团队内部若缺乏对多样性的尊重和包容，孤独症员工可能会因与众不同的行为和沟通方式感到被排斥或忽视，影响工作满意度和归属感。这种包容性不足还阻碍了不同背景和能力的员工之间的合作与创新，影响团队整体效率。缺乏支持的孤独症员工在职业成长上也容易受限，因得不到同事和上司的理解与支持，难以获得平等的职业发展机会。为改善这一状况，企业应打造适应性强、包容性高的工作环境，通过调整工作方式、提供个性化支持和培训团队成员，提高对多样性的接纳度，从而提升孤独症员工的工作表现和职业发展潜力，增强团队合作和创新能力。

4. 工作环境中的感官刺激问题

感官刺激如噪声、光线和气味等环境因素，对孤独症员工来说可能造成过度压力和不适感，严重影响他们的专注力和工作表现。许多企业在工作场所设计和管理时未考虑到孤独症员工的感官敏感性，导致这些员工在面对开放式办公室等环境时，因持续的背景噪声和开放空间而感到不安，难以集中注意力。过多的感官刺激可能导致孤独症员工疲劳、焦虑，甚至身体不适，影响他们的情绪稳定和工作表现，同时加剧他们的社交困难和孤立感。这些问题反映出企业在员工管理和支持方面的不足。为改善这一情况，企业应在工作环境设计中采取措施，减少不必要的感官刺激，并为孤独症员工提供个性化的工作空间和支持，提升他们的工作满意度和表现。企业可以为他们设置安静的工作区域、调节照明和减少强烈气味的存在，从而营造一个更适合的工作环境。

5. 同事和上司缺乏理解和支持

孤独症员工在缺乏理解和支持的工作环境中常感到孤立，难以发挥潜力。这主要源于同事和上司对孤独症的认识不足，停留在刻板印象上，未能深入了解其特点和需求。这种误解和偏见导致孤独症员工在沟通、社交和工作方式上的差异被误解为不合群或能力不足，难以获得应有的尊重和支持。此外，工作安排未能充分考虑他们的优势和劣势，导致不合理的任务分配，增加了他们的压力和不适感，影响工作效率和满意度。缺乏个性化支持，使孤独症员工在面对挑战时感到无助，职业发展受限。上司在绩效评估中因对孤独症的特点了解不足，可能无法给予公正合理的评价。为改善这一状况，企业应加强孤独症的相关宣传和教育，提升全体员工的认识和理解，创造包容性高的工作环境，确保孤独症员工能够获得适当的支持和公平的职业发展机会。

（五）培训和发展机会不足

1. 缺乏系统的岗位培训

许多工作环境中，缺乏系统化的岗位培训体系，这不仅限制了员工的职业成长，还影响到了企业的运作效率和竞争力。系统培训应涵盖基本技能、工作流程、团队协作和问题应对策略，但在实际操作中往往未能落实。缺乏培训使员工在面对复杂任务时感到困惑，影响工作效率和质量，同时也阻碍了职业发展。没有系统培训，员工难以积累职业技能，导致竞争力和晋升机会受限，进而产生职业倦怠感和离职倾向，增加企业用人成本，削弱团队稳定性。对于企业而言，缺乏培训体系使其难以应对市场变化和技术更新，影响创新能力和竞争力。为了改善这一问题，企业应建立系统化的岗位培训体系，确保员工在职业发展中获得必要的技能支持和成长机会，从而提升企业整体的运作效率和市场竞争力。

2. 职业技能提升机会少

职业技能的不断提升对于员工的职业发展和企业的竞争力至关重要。在许多工作环境中，员工获得职业技能提升的机会极为有限，这不仅阻碍了他们的职业成长，也影响了企业的长期发展和市场应变能力。职业技能提升机会的匮乏，使得员工在职场中难以适应不断变化的市场需求和工作要求，长期处于技能停滞状态。职业技能提升机会少，使得员工的专业能力难以得到充分的发展。许多企业在提供职业技能提升机会时，往往局限于少数特定的技能培训，而忽视了对更广泛的技能的培养。这种情况使得员工的职业技能单一化，难以应对多样化的工作任务和职业挑战。缺乏技能提升机会的员工，在面对职业转型或岗位变化时，往往处于不利地位，难以迅速适应新的工作环境和要求。

职业技能提升机会的不足，还影响了员工的职业信心和工作满意度。员工在职业生涯中，如果难以获得技能提升的机会，往往会感到职业发展的停滞和受限。这种情况下，员工的职业信心和工作积极性容易受到影响，长此以往，容易产生职业倦怠感和工作疲劳。这不仅影响了员工的个人职业发展，也对企业的整体工作氛围和团队协作产生了负面影响。职业技能提升机会的不足，还反映了企业在人才培养和发展上的短视。企业如果未能为员工提供充分的技能提升机会，往往难以建立起有效的人才梯队和稳定的员工队伍。没有经过系统技能提升的员工，在面对市场竞争和技术变革时，难以发挥出应有的能力和潜力，影响了企业的整体竞争力和市场地位。

3. 无定期的职业培训和进修课程

定期的职业培训和进修课程是员工保持职业竞争力和适应市场

变化的重要手段。许多企业在这方面存在明显的缺失，未能为员工提供系统的、定期的培训和进修机会。这种情况使得员工的职业发展停滞不前，难以跟上行业的最新发展和技术更新，影响了他们在职场中的竞争力和职业成长。缺乏定期的职业培训和进修课程，使得员工在工作中难以获得持续的知识更新和技能提升。现代职场环境中，技术的快速变化和市场的不断演进要求员工不断学习和更新自己的知识储备。许多企业未能为员工提供定期的培训机会，导致员工在职业生涯中逐渐与行业的发展脱节。这种情况不仅影响了员工的职业成就感和工作满意度，也降低了他们在职场中的竞争力和适应性。

无定期的职业培训和进修课程还意味着员工在职业发展中缺乏有效的支持和指导。培训和进修课程不仅可以帮助员工提升专业技能，还可以提供职业发展规划和职业素养的培养。缺乏这些培训机会的员工，在职业生涯中往往缺乏明确的发展路径和职业目标，职业发展容易陷入瓶颈，影响了他们的职业成长和发展潜力。缺乏系统培训的员工，面对新的工作任务和职业挑战时，难以迅速调整和适应，影响了工作效率和工作质量。企业在未能提供定期培训和进修课程的情况下，也面临着人才流失和创新不足的风险。员工在缺乏职业培训和进修机会的环境中，容易产生职业倦怠感和离职倾向，会去寻找其他能提供更多发展机会的工作。这种高流动率不仅增加了企业招聘和培训的成本，也影响了企业的业务连续性和团队稳定性。企业在未能为员工提供持续学习和发展的机会时，自身也难以应对市场的变化和技术的进步，影响了企业的创新能力和市场竞争力。

4. 培训内容不适应孤独症儿童的需求

孤独症儿童在培训和教育中需要特殊的教学方法和具有适应性

的培训内容，但许多培训项目未能充分考虑他们的特殊需求，导致学习困难和挑战。传统培训内容往往侧重抽象概念和复杂互动，而孤独症儿童需要更直观、具体和结构化的教学方式。这种不适应性导致他们难以理解和掌握所学内容，学习效果不佳，容易产生挫败感和焦虑感。此外，培训设计缺乏对孤独症儿童社交互动和感官敏感性方面的关注，使他们在小组讨论、团队合作或面对大量感官刺激时感到不适和压力，影响学习体验和效果。这不仅妨碍了他们的技能发展，还限制了他们的职业发展空间。孤独症儿童在无法有效应用所学技能的情况下，就业机会和职业潜力受限。企业在设计培训项目时，若未能充分考虑孤独症员工的特殊需求，将导致培训效果大打折扣，阻碍其职业成长。

5. 缺乏个人发展计划和目标设定

企业在员工管理和职业发展支持方面，未能为员工提供系统的个人发展计划和目标设定。这种缺乏计划性和目标导向的职业发展方式，使得员工在职业生涯中缺乏方向感和动力，难以发挥其发展潜力并实现个人的职业理想。缺乏个人发展计划和目标设定，使得员工在职业生涯中难以看到明确的发展路径。没有系统的职业发展计划，员工在工作中容易陷入日常事务的琐碎和重复性工作中，缺乏长远的职业规划和发展目标。这种情况下，员工的职业成长停滞不前，难以通过不断的努力和学习实现职业上的突破和进步。缺乏目标导向的职业发展，使得员工在面对职业选择和职业挑战时，容易感到困惑和无所适从，影响了他们的职业信心和工作积极性。缺乏个人发展计划和目标设定，还可能导致员工的工作积极性和工作满意度下降。明确的职业目标和发展计划，可以为员工提供清晰的职业方向和奋斗目标，激励他们在工作中不断追求进步和提升。

三、就业稳定性差

（一）沟通障碍

1. 口头交流困难

口头交流困难的表现包括语言表达不清晰、思维组织混乱以及在压力下难以顺畅地表达观点。这些挑战使得员工在需要快速反应和即时沟通的工作环境中感到不安，影响工作效率。在沟通频繁的岗位上，尤其是在团队会议、项目讨论或与客户沟通中，这种困难可能导致信息传递不准确，产生误解，影响决策质量。口头交流困难还可能导致员工在团队中容易被忽视或误解，增加社交孤立感，进而影响职业满意度和发展前景。此外，管理和领导职位通常要求较高的沟通能力，口头交流困难的员工在这些职位上可能面临更多挑战，职业发展因此受限。

2. 书面沟通能力有限

书面沟通能力有限的员工在撰写报告、项目文档或发送工作邮件时，常常面临语言表达不清、逻辑结构不严密的问题，导致他们难以准确、清晰地传递信息。这不仅延长了任务完成的时间，还可能导致信息传递中的误解或错误，进而影响团队的工作进度和合作效率。例如，错误的表达可能使同事误解任务要求，或者导致项目进展停滞。此外，书面表达能力的不足可能让员工在展示专业能力时显得不够自信，影响同事和上级对其能力的评价，进而限制其职业发展机会。频繁的书面沟通困难还可能使员工感到挫败和压力，削弱他们的职业自信心和工作积极性,使他们在工作中的表现和成长受到限制。

3. 难以理解和使用非语言交流

难以理解和使用非语言交流的员工,可能在解读他人的面部表情、肢体语言或语调时遇到困难,导致沟通不顺畅。例如,他们可能误解同事的语气或表情,从而做出不恰当的回应,影响信息的准确传达。这种障碍不仅在正式的沟通场合中显得突出,还会在日常互动中引发误解,影响团队氛围。非语言信号在职场中至关重要,有助于建立信任、表达自信和明确意图。无法有效解读或使用这些信号的员工,可能被误解为冷漠、不合群,从而影响他们的职业形象和团队关系。这种障碍还可能妨碍团队协作,导致团队成员之间的配合不够顺畅,降低团队整体的工作效率和成果。

4. 在团队协作中表现欠佳

团队协作中表现欠佳的员工往往因沟通不畅、难以协调工作节奏和缺乏团队合作意识而影响整体效率。这些问题使他们在任务分配和执行中表现出不协调,导致工作进度拖延和项目出错的风险增加。例如,信息传递中的误解或延误可能导致团队无法及时做出有效决策,影响项目的整体推进。长期来看,这些员工可能在团队中逐渐被边缘化,他们的角色和贡献减少,不仅削弱了个人职业发展机会,还影响了团队的凝聚力和合作氛围。最终可能导致团队整体表现下降,进而影响团队目标的实现和整体工作质量。

5. 与同事和上司的沟通不畅

与同事和上司的沟通不畅,往往对日常工作流程造成严重影响,可能引发误解和矛盾,从而破坏团队的工作氛围和协作效率。与同事沟通不畅可能导致任务分配模糊、执行不力,进而阻碍团队合作,影响整体工作进度。例如,任务目标的不明确可能导致重复劳动或工作遗漏,增加项目失败的风险。与上司沟通不畅则更为关键,可能导致对任务要求的误解、执行效果不佳,甚至影响绩效评估和晋升机会。不及时的信息传递或误解的积累,可能使上司无法准确掌握员工的实际工作表现,进而影响其对员工职业发展的支持和指导。这种情况不仅削弱了员工的职业信心和工作满意度,还可能导致他们在团队中逐渐失去信任和发展机会。

(二)情绪问题

1. 情绪波动频繁

频繁的情绪波动不仅影响个人的工作表现,还会对团队氛围和整体工作效率产生负面影响。情绪不稳定通常表现为短时间内情绪急剧变化,如从愉快到沮丧、从平静到焦虑等。这种不稳定性使员工在处理日常任务时感到困难,尤其在面对突发情况或高压环境时,更易出现情绪失控,影响决策和执行。情绪波动频繁的员工往往难以保持稳定的工作效率和专业表现,他们在执行任务时容易分心,难以专注于工作,导致工作质量下降。

情绪波动也对同事关系和团队合作造成不利影响。情绪变化使这些员工在互动中表现出不一致的态度和反应,容易引发沟通障碍和误解,进而影响团队协作和工作氛围的和谐。这种情绪不稳定不仅影响了员工在团队中的角色定位,还可能导致团队内部关系紧张,削弱团队凝聚力和效率。长期的情绪波动对员工的心理健康构成严重威胁,可能引发焦虑、抑郁等心理问题,加剧情绪不稳定。这种状况下,员工常感到精力耗尽,缺乏工作动力,甚至出现工作倦怠,对其职业生涯产生负面影响,也对企业的员工管理和心理健康支持提出了更高要求。

2. 难以管理工作压力

工作压力通常来源于多方面因素，如高强度的任务、紧迫的项目截止日期、人际关系的紧张以及工作与生活的平衡困难。这些压力的叠加使得员工在日常工作中常感到疲惫和焦虑，甚至出现身体不适的症状。难以管理工作压力的员工，通常表现出工作效率下降和决策能力减弱。他们在高压环境下可能无法合理分配时间和精力，难以优先处理重要任务，导致工作进度拖延和质量下降。长期处于这种状态下，员工容易感到职业倦怠和挫败，逐渐丧失对工作的兴趣和热情。

这种压力管理困难还可能影响员工的职业发展和人际关系。面对职场挑战时，压力管理能力不足的员工可能无法保持冷静，容易出现情绪失控或态度消极的行为。这不仅影响他们在团队中的形象和地位，还可能导致与同事和上司的关系紧张，加剧工作压力的恶性循环。此外，难以管理工作压力还会对员工的身体健康产生负面影响。长期无法有效应对压力可能导致健康问题，如失眠、头痛、消化不良，甚至引发焦虑症和抑郁症等更严重的心理疾病。这种情况下，员工的工作能力和职业表现受到严重影响，可能导致频繁请假或离职，对企业的正常运作和团队稳定性构成威胁。

3. 在工作中容易出现焦虑或抑郁

焦虑通常表现为持续的担忧和紧张，而抑郁则表现为情绪低落、缺乏兴趣和动力，这些情绪问题往往交织在一起，使得员工在工作中感到压抑和无助。容易出现焦虑或抑郁的员工通常难以集中注意力，工作效率显著下降。他们可能因焦虑对任务产生过度担忧，导致决策犹豫、行动迟缓，甚至因抑郁失去对工作的热情和投入。焦虑和抑郁还对员工的职业关系产生负面影响，长期处于这种状态的员工往往表现出社交退缩和人际交往困难，害怕与同事和上司互动，或在交流中表现出不信任和消极态度。这种人际关系的疏离，不仅使员工在团队中被逐渐孤立，还影响团队的协作效率和整体工作氛围。如果工作中的焦虑和抑郁问题得不到及时关注和干预，则可能发展为更为严重的心理健康问题，导致员工频繁请假、长期病休，甚至提前离职。这不仅影响员工的职业生涯，也对企业的员工管理和团队运作构成挑战，增加企业的人力资源压力和运营风险。

4. 对工作环境的变化敏感

对工作环境变化的敏感性，通常表现为在面对新的任务、流程、团队结构或管理方式时，员工感到焦虑、不安，甚至可能出现抗拒的情绪反应。这类员工往往难以在变化中保持稳定的工作效率和积极的态度。当工作环境发生变化时，他们可能会感到不安，难以迅速适应新的要求和流程，导致工作效率下降、任务执行不力，甚至可能出现逃避工作或推诿责任的倾向。长期处于这种敏感状态下，员工的职业信心和工作满意度会受到严重影响。

这种对变化的敏感性还可能对人际关系和团队合作产生负面影响。当团队成员变动、管理措施调整或工作任务重新分配时，敏感的员工容易感到压力和不适，可能会表现出消极态度或抵触情绪。这不仅影响他们自己的工作表现，也可能破坏团队的协作氛围，导致沟通不畅和合作困难，从而拖累整个团队的工作进展。此外，对工作环境变化的敏感性还对员工的职业发展构成了障碍。在现代职场中，变化是不可避免的，企业为应对市场需求、技术进步和竞争压力，常常需要进行内部调整和变革。难以适应这些变化的员工，可能会错失职业发展的机会，甚至在职业生涯中停滞不前。这种情况不仅限制了个人的职业成长，也可能影响企业整体的灵活性和适应能力。

5. 缺乏情绪调节和应对策略

缺乏情绪调节和应对策略的员工，在遇到压力或困难时，容易出现情绪失控、反应过激或消极应对等问题，进一步加剧工作中的挑战和压力。缺乏情绪调节能力的员工，在面对职场中的紧急情况或突发事件时，往往难以保持冷静和理智的态度。他们可能会因为压力过大而出现情绪崩溃，或者因为无法调节情绪而在工作中表现出消极、抵抗的行为。这种情绪失控的现象，不仅影响了个人的工作效率和工作质量，也可能对团队的工作氛围和合作精神产生负面影响。

缺乏有效的应对策略，使得员工在处理复杂的工作任务和职场挑战时，容易感到无助和挫败。现代职场中，员工经常需要面对多任务处理、紧迫的项目完成日期以及复杂的人际关系等压力源。如果缺乏有效的应对策略，员工在这些情况下可能会感到不知所措，进而影响工作表现和职业成就感。这种长期的应对不力，不仅影响了员工的职业发展，也可能导致加剧他们的职业倦怠感，影响职业幸福感。情绪调节和应对策略的不足，还可能导致员工的心理健康问题。长期处于高压力、情绪波动频繁的状态下，员工如果没有有效的情绪调节和应对策略，可能会逐渐积累负面情绪，最终引发焦虑、抑郁等心理健康问题。这种情况下，员工的身心健康都会受到严重影响，进而影响他们的工作能力和职业表现。为帮助员工更好地应对职场挑战，企业应加强对员工的情绪调节和应对策略的培训和支持。

表 3-1　不同类型单位的情绪管理培训需求统计表

单位类型	已实施情绪管理培训的比例	有意愿实施情绪管理培训的比例	认为情绪管理培训有效的比例	主要挑战
国有企业	35%	55%	68%	培训预算有限
民营企业	28%	62%	60%	管理层重视程度不够
外资企业	45%	70%	75%	培训内容本地化困难
公共事业单位	40%	50%	65%	缺乏专业培训资源
教育机构	38%	65%	70%	工作负荷与培训时间冲突

（数据来源：2024年中国情绪管理培训需求调查报告）。

（三）适应能力不足

1. 难以适应新的工作任务

新的工作任务通常伴随着新的技能要求、不同的工作流程和额外的责任，这对一些员工来说可能引发巨大的心理压力和不适应感。他们可能因为对自身能力的不自信，而在面对新任务时表现出犹豫不决或过度谨慎，这种态度直接影响了任务的执行效率和完成质量。适应困难往往源于对未知任务的恐惧或对自身能力的怀疑，这使得他们在任务执行过程中反应迟缓、行动滞后，导致整体工作效率下降。尤其是当任务要求快速学习和掌握新知识时，适应能力不足的员工会感到更加焦虑和压力倍增，无法在短时间内有效应对。这种学习和适应新任务的压力不仅影响了他们的工作质量，还可能使他们在团队中的表现受到质疑，进一步打击他们的自信心，形成恶性循环。长期来看，这种适应困难可能会阻碍他们在职场中的成长和发展，影响他们的职业稳定性和晋升机会。

2. 对工作流程和节奏变化反应慢

工作流程和节奏的变化常常是市场需求波动、技术更新或企业内部调整的结果。一些员工在面对这些变化时反应迟缓，难以及时调整工作方式以适应新的要求。这种适应迟缓不仅导致个人工作效率下降，还可能拖累整个团队的进度，影响项目的最终成果。导致这种反应迟缓的主要原因是员工对变化的心理抵触和对既有工作习惯的依赖。他们往往更倾向于保持熟悉的工作方式，缺乏主动适应新环境和新要求的意愿和能力。这种习惯依赖在快速变化的职场环境中表现为滞后性，员工可能无法及时学习新技能或适应新的流程，从而错过优化工作效率和提高生产力的机会。此外，这种抵触情绪也会使他们对新的工作要求产生消极态度，进一步影响他们的工作表现和团队合作。长此以往，这些员工可能在职场中被视为不够灵活和创新，影响他们的职业发展和晋升机会，同时也对团队整体的适应性和竞争力造成负面影响。

3. 对突发事件和紧急情况反应不佳

在突发事件和紧急情况下，员工需要迅速评估局势并作出冷静、理智的决策。然而，适应能力不足的员工在此类情境中往往表现出犹豫不决、焦虑不安，缺乏有效应对的能力。这种反应迟缓不仅影响他们的个人表现，还可能延误关键问题的处理，导致事态恶化。缺乏应急经验和培训使得这些员工在面对突发情况时显得手足无措，无法有效地运用资源和采取行动。这种应对不力的表现不仅加剧了事件的复杂性，还可能对团队的整体应急能力和工作绩效产生负面影响。特别是在高压力的工作环境中，这种适应不足会导致决策失误或行动迟缓，削弱团队在关键时刻的响应速度和解决问题的效率。

长此以往，员工在紧急情况中的表现不足可能损害其职业形象并影响其晋升机会，同时也使团队在面对未来挑战时缺乏信心和准备。因此，加强应急培训和提升员工的适应能力，对于提高组织在突发事件中的整体反应效率至关重要。

4. 适应新同事和工作环境的能力有限

适应新同事和工作环境是职场中的常见挑战，特别是在换工作或公司内部调动时。适应能力有限的员工可能在与新同事互动时面临沟通障碍，难以迅速融入团队，导致他们在团队中感到不确定或被边缘化。这种适应不良不仅影响他们的工作表现，还可能削弱团队的合作效率和整体工作氛围。员工对新环境的规则、文化和工作流程缺乏充分理解，容易导致他们感到困惑和不安，这种不适应感会进一步降低他们的工作满意度。此外，适应能力不足的员工可能会因无法适应新环境而产生职业倦怠感，对工作失去热情和动力，甚至考虑离职。这种情况不仅影响他们的职业发展，还可能增加企业的员工流动率，给组织带来额外的人力资源管理挑战。为了帮助员工更好地适应新环境，企业应提供明确的指导和支持，帮助他们理解和融入新的团队文化和工作方式，从而提升他们的工作满意度和职业稳定性。

5. 对常规工作的调整适应性差

常规工作调整，如任务重新分配、流程优化和岗位职责变动，通常是为了适应业务需求或提高运营效率。然而，一些员工在面对这些调整时表现出适应性差，抗拒改变，导致执行新任务时效率低下。这种适应性不足通常源于对既定工作习惯的依赖和对变革的恐惧。员工可能因担心无法胜任新职责或对未知感到不安，而在面对新的工作要求时表现出消极态度，难以迅速调整工作方式。这种不安和抗拒情绪不仅延误了工作进度，还可能拖累团队的整体表现，影响项目的推进和完成质量。长此以往，适应性差的员工可能在团队中被视为不够灵活和缺乏创新精神，影响其职业发展和晋升机会。缺乏适应能力也使他们在面对职场中的持续变化时，无法有效应对，限制了他们在快速变化的工作环境中的成长空间。这种状况不仅对个人职业发展不利，也对团队和企业的整体适应能力和竞争力构成挑战。因此，提升适应能力对于员工的职业稳定性和长远发展至关重要。

（四）工作支持不足

1. 缺乏专业的就业辅导

缺乏专业的就业辅导是许多求职者，特别是特殊群体进入职场时面临的重大挑战。就业辅导不仅仅是提供就业信息，还包括对个人职业兴趣、能力和市场需求的综合评估，从而制订科学的职业规划。缺乏这种辅导，求职者常常难以明确自己的职业优势和发展方向，容易在求职过程中感到迷茫，难以找到与自身条件匹配的工作机会。没有专业辅导，求职者的求职技巧和面试表现也会受到影响。专业的就业辅导通常涵盖简历撰写、面试技巧和职场礼仪等培训，这些对求职成功至关重要。缺乏这些指导，求职者在面对激烈的职场竞争时难以脱颖而出，即使获得面试机会，也可能因为准备不足或表现欠佳而错失良机。就业辅导的缺失还导致求职者在职业发展中的后续支持不足。就业并非职业发展的终点，而是一个持续的过程。专业辅导应帮助求职者在就业后继续进行职业规划，提升职业技能，以适应市场需求的变化。许多求职者在就业后缺乏持续支持，导致他们在职业发展中遇到瓶颈，难以突破。这种情况不仅限制了个人的职业成长，也影响了企业的人才留存和培养，进而阻碍组织的整体发展。

2. 在工作中缺乏指导和支持

缺乏指导的现象不仅影响工作效率和表现,也对员工的职业发展和职场融入产生消极影响。没有足够的指导,员工在处理复杂或全新任务时容易感到迷茫和无所适从,导致工作错误和失误增多,工作质量难以保障,同时增加了压力和焦虑感。此外,缺乏指导也阻碍了员工的职业成长。职场中的成长与发展很大程度上依赖于上司和同事的反馈和指导。如果员工得不到这些必要的支持,可能难以发现自身不足,也无法提升工作技能和方法,从而导致职业发展停滞。

长此以往,员工可能对工作失去兴趣和动力,甚至产生职业倦怠感。这不仅对个人发展不利,还影响了团队的整体协作和工作氛围。团队中,成员之间的相互指导和支持对于促进合作和提高效率至关重要。如果团队中的某些成员因缺乏指导而无法有效完成任务,其他成员可能需要分担更多工作,增加整体工作负担,可能导致内部矛盾和不和谐。提供工作中的指导和支持对个人职业发展、团队协作以及组织的成功至关重要。企业应积极建立有效的指导体系,为员工提供必要的支持,确保他们在工作中能够充分发挥潜力,实现个人和团队的共同成长。

3. 缺乏适应性工作安排

适应性工作安排指的是根据员工的个人需求和能力,灵活调整工作内容、时间安排和工作方式,以帮助他们更好地完成任务。然而,许多企业在制订工作安排时,忽视了员工的个体差异和特殊需求,采用一刀切的方式。这种情况下,一些员工可能难以适应既定安排,导致工作效率低下、工作质量不佳,甚至影响身心健康。缺乏适应性工作安排会使员工在工作中感到不适和压力，尤其是那些需要额外支持或特殊安排的员工，容易因此产生心理和生理上的不适。工作安排的不灵活性可能导致员工在工作过程中感到疲惫和焦虑，进一步影响他们的职业满意度。

适应性工作安排能够帮助员工在工作和生活之间找到平衡，从而提升职业满意度和忠诚度。当企业在工作安排上缺乏灵活性和人性化考虑时，员工可能感到被忽视，工作积极性和忠诚度下降，甚至可能产生离职念头，寻找更符合自己需求的工作环境。适应性工作安排的缺失还可能影响企业的整体工作效率和团队合作。由于每个员工的能力和需求不同，缺乏适应性的安排可能导致任务分配不均衡，影响团队合作效果。工作安排的不合理性可能引发团队内部摩擦和矛盾，削弱团队的和谐与凝聚力。

4. 缺少同事的理解和帮助

相互理解和支持是员工面对工作挑战时的重要支撑，但有些员工常感到孤立无援，缺乏同事的理解和帮助。这种情况不仅降低了他们的工作效率，还对其心理状态和职业满意度产生了消极影响。缺少同事的理解，使员工在面对困难或复杂任务时感到孤立无助，尤其是当他们需要寻求帮助时，往往得不到及时的支持和反馈。没有同事的帮助，员工可能在工作中出现效率低下和错误频发的情况。职场中的许多任务需要团队协作，尤其在复杂项目或紧急任务中，如果员工无法获得同事的及时帮助，可能难以独自完成任务，导致工作进度延误和质量下降，从而影响整个团队的效率，甚至可能导致项目失败或目标未能实现。

这种缺乏支持的情况还对员工的职业发展和职场融入产生了消极影响。良好的人际关系和职场网络对职业发展至关重要，缺少同事的理解和支持，可能使员工在团队中难以建立良好的人际关系，逐渐被边缘化。这不仅影响他们的职业成长和发展机会，还可能降低其工作满意度和归属感，进一步加剧他们在职场中的孤立感和职业倦怠感。长期缺乏同事的理解和帮助，对员工的心理健康也可能产生负面影响。持续的孤立和缺乏支持容易导致压力和焦虑，甚至引发更严重的心理问题，如抑郁症等。这种情况下，员工的职业表现和发展将受到严重影响，同时也对企业的员工管理和团队建设提出了更高的要求。为解决这些问题，企业应积极营造理解和支持度高的工作氛围，促进员工之间的互助与协作，从而提升整体工作表现和团队凝聚力。

5. 缺乏针对性的职业培训和发展支持

职业培训的目的是提升员工的技能和综合素质，以适应职场需求。然而，许多企业在实施培训时往往采取通用模式，缺乏针对性，导致培训内容难以满足员工的具体需求和职业目标，培训效果大打折扣。由于每个员工的职业发展路径和技能需求各不相同，通用培训往往忽视了个体差异，结果是员工难以将所学内容应用于实际工作，导致工作效率和质量下降。当面对新的工作挑战时，员工可能因缺乏必要的技能和知识而感到无所适从，这不仅影响他们的职业发展和晋升机会，还可能导致他们在工作中感到困惑和挫败。无针对性的职业培训对员工的职业满意度和忠诚度也产生了负面影响。有效的职业培训应当增强员工的技能，同时提高他们对职业发展的信心和积极性。但当培训内容与实际工作需求脱节时，员工可能会觉得培训缺乏实际意义，对企业的培训支持失去信心，进而导致职业满意度下降。一些员工甚至可能因为对企业培训的不满而选择离职，寻找更符合自身职业需求的工作机会。这不仅对员工个人发展不利，也增加了企业的员工流动率，影响了整体的人才管理和组织效能。

对于企业而言，职业培训应是提升员工能力和改进工作表现的重要投资。然而，缺乏针对性的培训内容使得企业投入的资源无法转化为预期的效果，导致人才培养效率低下。为了最大化地实现培训的效果，企业应根据员工的具体需求和职业发展目标设计个性化培训方案，确保培训内容与实际工作要求紧密结合，从而提高员工的适应能力、工作表现和职业满意度，最终促进企业整体效能的提升。

（五）职业安全感低

1. 担心因表现问题被解雇

职场中的表现问题，如未按时完成任务或工作质量不达标，若未得到有效解决，会引发员工对被解雇的担忧。这种焦虑不仅会影响员工的心理状态，还可能形成恶性循环，进一步削弱其工作表现。出于对失业的恐惧，员工可能变得过于谨慎，害怕冒险或不愿意尝试新方法，从而限制了他们的创造力和创新能力。这种保守态度不仅阻碍了员工的职业成长，还可能导致他们在团队中逐渐被边缘化，实际上增加了被解雇的风险。

担心表现问题会导致解雇的员工，常常感到孤立和不安，倾向于与同事和上司保持距离，减少互动。这种孤立感削弱了他们在团队中的存在感和参与度，阻碍了职场社交网络的建立，加剧了他们对未来的不确定感。长期处于这种状态下，员工的工作满意度和心理健康都会受到负面影响，导致工作表现进一步恶化。为了应对这种担忧，企业应积极关注员工的表现和心理状态，提供及时的反馈和支持。通过建立明确的绩效评估体系，企业可以帮助员工了解自己的表现并提供改进建议。同时，企业应提供持续的职业发展机会，鼓励员工积极参与职业培训和技能提升，增强他们的自信心，减少对被解雇的恐惧。通过这种方式，企业不仅能促进员工的积极表现和职业成长，还能提高团队的凝聚力和整体工作效率，营造更健康的工作环境。

2. 工作中的安全感和归属感不足

工作中的安全感和归属感对员工的职业幸福感和工作满意度至关重要。缺乏安全感的员工，往往对工作环境感到不安，担心不确定性和不可控因素，如公司不稳定的经营状况、频繁的组织变动、缺乏明确的职业发展路径等。这种不安全感使他们难以全身心投入工作，始终处于紧张和防御状态，影响工作效率和心理健康。归属感的缺失则让员工感到孤立和疏离，缺乏与团队和组织的连接。归属感源于对团队文化的认同、与同事的良好互动以及在组织中的价值感。如果员工感觉自己只是团队中可替代的一员，而非被真正重视，他们的工作动机和投入度会显著下降。缺乏归属感还削弱了员工对组织目标和价值观的认同，进而影响团队凝聚力和协作精神。

缺乏安全感和归属感的员工容易产生焦虑和不满情绪，这不仅影响个人工作表现，也会对团队氛围产生消极影响。这样的员工可能因害怕被忽视或排挤，采取防御性的工作态度，减少与同事和上司的沟通交流，进一步加剧孤立感，最终导致职业幸福感和工作满意度显著降低，可能导致高离职率和团队不稳定性。企业应重视员工的安全感和归属感，通过建立透明的沟通机制、提供稳定的职业发展路径和营造积极的团队文化，帮助员工建立对工作的信心和对团队的归属感，从而提升其工作满意度和职业表现。

3. 对工作未来的预期不明确

对工作未来的预期不明确，是员工在职场中感到困惑和焦虑的主要原因之一。职业预期的不明确可能源于缺乏清晰的职业发展路径、公司战略方向不明或行业前景的不确定性。这种模糊的未来预期使员工感到迷茫和不安，难以为自己的职业生涯制订明确的目标和规划。当员工无法确定自己在组织中的长远发展时，他们的工作积极性和投入度往往会受到影响，工作表现也会因此下降。员工缺乏明确的职业方向感和动力时，可能在面对工作任务时会感到动力不足，难以全力以赴。他们可能会质疑自己的努力是否值得，或者担心当前的工作是否能够为未来的职业发展铺路。这种不确定感不仅影响了日常工作表现，还削弱了他们的创新能力和工作热情。

不明确的工作预期对员工的心理状态产生负面影响。持续的不确定性容易引发焦虑和压力，使员工在工作中感到精神紧张和疲惫。这种心理负担不仅降低了职业幸福感，还可能影响身体健康，导致精力不足和职业倦怠的加剧。长期面对不明确的职业预期，员工可能失去对工作的兴趣和热情，产生离职念头，转而寻找更具确定性和发展潜力的职业机会。为应对这一问题，企业和管理者应提供清晰的职业发展路径和组织战略规划，通过有效的沟通和员工参与机制，帮助员工理解公司的发展方向和自己的职业角色，从而增强职业信心和工作动力。这不仅有助于提升员工的工作满意度，还能促进公司整体的组织效能。

4. 职业生涯的长期稳定性差

职业生涯稳定性差的原因可能包括企业经营不稳定、行业变动频繁以及技术更新带来的职业淘汰风险等多方面因素。长期缺乏职业生涯的稳定性，使得员工难以制订明确的职业规划和长期目标。在这种不稳定的环境中，员工可能会感到自己的努力无法得到长期回报，从而不愿在工作中投入过多精力和时间。这种短期思维不仅削弱了工作表现，还限制了员工的职业成长和发展潜力。此外，职业生涯的长期不稳定性还可能导致员工对公司的忠诚度降低，他们更容易因外部机会而选择离职，给企业的人才保留和团队稳定性带来挑战。

职业生涯稳定性差对员工的心理健康也有深远影响。持续面对职业不稳定的压力，员工容易产生焦虑、紧张等负面情绪，这种心理负担不仅会影响工作效率，还可能引发一系列健康问题。员工在缺乏稳定性的工作环境中，可能因担心被淘汰或公司倒闭而承受巨大的压力，导致职业幸福感和工作满意度显著下降。长期在这种压力下，员工可能出现职业倦怠，甚至产生严重的心理健康问题。为了提升员工的职业生涯稳定性，企业应采取多方面的措施。应提供清晰的职业发展路径和保障措施，帮助员工看到长期的职业发展前景。企业应注重提升员工的职业技能，通过持续的培训和发展机会，使员工能够适应行业的变化。此外，营造一个稳定且积极的工作环境和职业文化，能够增强员工对职业生涯的信心和投入感，提升他们的工作满意度和对企业的忠诚度。这不仅有助于员工的个人发展，也能提高企业整体的运营效率和竞争力。

5. 缺乏对自身职业发展的信心

缺乏对自身职业发展的信心，是许多员工在职业生涯中面临的心理挑战。职业信心是员工对自己职业能力、职业前景和成就的预期与信任感。缺乏信心的员工往往对自己的能力和未来发展感到不确定，担心无法在职场中取得成功或实现自我价值。这种信心缺失可能源于多种因素，包括过去的职业挫折、当前工作的挑战、企业文化的不支持，以及个人自我认知的不足等。职业信心的不足直接影响了员工的工作表现和职业决策。缺乏信心的员工可能表现出工作动力不足、创新意识缺乏，以及对挑战性任务的回避态度。这种消极态度不仅限制了他们的职业成长，还可能影响他们在团队中的形象和地位，导致他们陷入职业发展的瓶颈，难以获得晋升和发展的机会。

职业信心不足的员工在职场中可能表现出保守和退缩。他们可能不敢尝试新的工作方法或接受更具挑战性的任务，担心自己的能力不足以胜任。这种保守态度使他们难以在职场中脱颖而出，进一步影响职业发展和成就感。此外，缺乏职业信心的员工可能对外部机会的敏感度降低，错失职业进步的关键时机。长期缺乏职业信心还可能对员工的心理健康产生负面影响。持续的自我怀疑和职业焦虑容易引发焦虑症、抑郁症等心理问题，影响身心健康。面对职业挑战和变动时，缺乏信心的员工更容易感到压力和不安，影响职业幸福感和生活质量。为帮助员工建立职业信心，企业应提供积极的职业发展支持和心理辅导，通过技能培训、职业指导和绩效反馈，帮助员工提升自信，增强对职业发展的信心和积极性，从而促进他们在职场中的成长和成功。

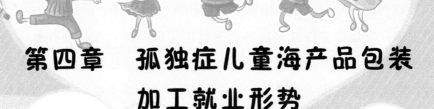

第四章 孤独症儿童海产品包装加工就业形势

一、行业需求

(一)行业需求及发展前景

1. 海产品包装行业现状

海产品市场的扩展不仅体现在欧美等传统市场,亚洲市场的海产品消费也呈现出显著增长趋势。这一趋势使得包装加工行业面临更加多元化和细分化的需求。例如,不同种类的海产品对包装材料、保鲜技术和运输方式有着各自的要求,迫使包装加工企业必须不断创新,以满足日益复杂的市场需求。在此背景下,海产品包装加工行业不仅需要提升产能,还必须在包装材料的选择、环保性、成本控制和供应链管理等方面进行全面优化。

随着全球海产品出口量的增加,包装加工的要求变得更加严格。尤其是在产品保鲜、抗压性和运输安全性等方面,企业需要采用更为先进的技术和方法,以确保产品在长途运输中保持高质量。这些挑战促使包装加工行业不断提升技术水平和服务质量,以适应全球化的竞争环境。此外，市场的扩展还要求包装加工企业具备更高的灵活性和创新能力。在确保包装材料环保性的同时，还需控制成本，以在国际市场中保持竞争优势。通过优化供应链管理和提升整体运营效率，包装加工企业可以更好地应对全球市场的复杂需求，抓住海产品消费增长带来的机遇。这些举措不仅有助于提高企业的市场竞争力，也促进了整个行业的技术进步和可持续发展。

2. 孤独症儿童在海产品包装中的就业潜力

孤独症儿童往往具备较强的专注力，尤其是在执行重复性任务时，他们可以保持高效和稳定的工作状态。这种专注力在海产品包装过程中是非常重要的，因为包装工作要求高度的精确度和一致性。进一步看，孤独症儿童在执行任务时，能够细致地遵循既定流程，这在包装加工行业中是一个重要的优势。海产品包装行业的工作环境相对固定，这样的环境有助于孤独症儿童适应并保持长期稳定的工作状态。通过针对性的培训和指导，孤独症儿童能够掌握包装工作的基本技能，并在工作中找到自身的职业发展方向。海产品包装行业为孤独症儿童提供了一个适合其特点和能力的就业平台，同时也满足了企业对高质量、稳定劳动力的需求。如图 4-1 所示：

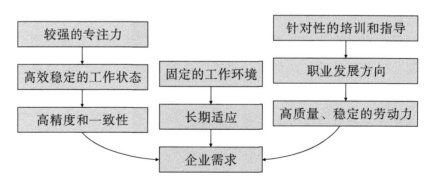

图 4-1 孤独症儿童在海产品包装中的就业潜力

3. 海产品加工行业的就业机会与孤独症儿童的结合

海产品加工行业的岗位种类繁多，从基础的清洗、切割到复杂一些的包装和装箱，各环节对技能的要求各不相同。孤独症儿童的一些特点，如对细节的高度专注和在重复性操作中的出色表现，使他们在特定岗位上能够胜任并表现出色。通过合理的岗位匹配，孤独症儿童可以在细节要求高、操作规范严格的岗位上发挥自己的优势，展示出色的工作能力。

为了更好地促进这种结合，企业可以为孤独症儿童制订专门的工作流程和指导手册，帮助他们更好地理解和执行任务。这些定制化的流程能够适应他们的工作方式，并提供一个稳定且具有支持性的工作环境。[4]此外，企业还可以与社会组织和专业机构合作，为孤独症儿童提供针对性的职业培训和心理支持，帮助他们更好地融入职场。这种支持不仅包括技能培训，还应涵盖情感和社交方面的辅导，以确保他们能够在团队中感到自信和被接纳。通过这些措施，孤独症儿童不仅能够找到适合自己的工作，还能在职场中获得社会认同和成就感。企业在提供这些支持的同时，也能受益于孤独症员工的独特才能和工作效率，从而实现双赢。这样的环境不仅有助于员工个人的发展，也为企业带来了稳定而高效的劳动力，提升了企业的社会责任感和整体形象。

4. 随着市场需求增长，海产品包装行业的新机会

随着冷链物流和电商渠道的迅速发展，海产品的销售范围不断扩大，这对包装材料提出了更高的要求。为了确保海产品在运输和储存过程中的质量，包装行业需要研发更多具有保鲜功能、抗压性能和环保特性的创新型包装材料。这些材料不仅要能够延长产品的保质期，还需要在长途运输中保持产品的完整性和新鲜度。市场对

品牌化和个性化包装的需求也在逐步增长。消费者越来越倾向于选择具有独特设计和品牌特色的产品，这要求企业在包装设计上注入更多创意和个性化服务，以提高产品的附加值，吸引更多的消费者。同时，随着食品安全和环保意识的提升，消费者对包装材料的可持续性和环保性提出了更高的要求。企业需要在包装材料的选择上更加注重环保，开发可降解或可回收的包装材料，以减少环境影响。

通过对新材料和新技术的研发，包装行业不仅能够提高自身的市场竞争力，还能在推动整个海产品市场的发展中发挥重要作用。创新的包装解决方案不仅满足了市场对高质量运输和储存的需求，还为企业提供了在激烈市场竞争中脱颖而出的机会。此外，这些环保和创新的包装方式还能够提升企业的品牌形象，满足消费者对可持续发展的期望，进而建立更强的客户忠诚度和市场认可度。

5. 促进孤独症儿童就业，海产品加工行业的新趋势

促进孤独症儿童的就业已经成为海产品加工行业的新趋势，这不仅反映了企业对社会责任的履行，也展示了用工模式上的创新。随着社会对包容性就业的认可度不断提高，越来越多的企业开始积极探索如何为孤独症儿童等特殊群体提供就业机会。海产品加工行业以其岗位种类多样化、工作流程标准化等特点，成为孤独症儿童就业的理想选择之一。企业可以通过多种方式帮助孤独症儿童更好地适应工作环境，并充分发挥其优势。例如，企业可以调整工作环境，简化操作流程，降低复杂性，使孤独症儿童能够专注于适合他们的任务。同时，提供针对性的培训，帮助他们掌握必要的技能和工作方法，也能够提升他们的工作能力和信心。

企业还可以与政府机构和非政府组织合作，利用政策支持和资源共享，进一步推动孤独症儿童的就业安置和职业发展。通过这样的合作，企业不仅能够获得更多的支持资源，还能确保孤独症儿童在工作中获得持续的职业指导和心理支持,从而提升他们的职业稳定性和发展潜力。这种包容性高的就业模式不仅有助于孤独症儿童在职场中找到归属感和成就感,也能为企业带来独特的劳动力资源,提升企业的社会形象和员工多样性。同时,通过有效的政策和社会资源的整合,企业可以在履行社会责任的同时,推动整个行业朝着更包容和可持续的方向发展。

(二)孤独症儿童的就业机会

1. 海产品包装加工行业如何为孤独症儿童创造就业机会

包装加工行业的许多工作具有高重复性、操作流程相对简单且固定,这与孤独症儿童在执行任务时表现出的高度专注和对细节的敏感相契合。通过合理的岗位设置,孤独症儿童能够在这些任务中发挥出色的工作能力。企业可以为孤独症儿童制订简化的工作流程和标准化的操作步骤,确保他们能够迅速适应工作内容,并且在工作中感到舒适和自信。为了帮助孤独症儿童更好地融入职场,企业可以提供针对性的职业培训和技能提升课程。这些培训课程应专门设计,帮助孤独症儿童掌握必备的工作技能,增强他们的自信心和职业素养。例如,可以采用分步骤教学的方法,逐步引导他们熟悉工作流程和操作标准。通过持续的技能培训和支持,孤独症儿童能够逐渐提升工作效率,并在工作中展现出色的表现。

海产品包装行业可以与专业机构合作,设计和开发适合孤独症儿童的工作岗位和环境。这种合作不仅可以提供专业的指导和支持,还能确保工作环境的设计能够满足孤独症儿童的特殊需求。通过与家长和专业治疗师的沟通,企业可以了解孤独症儿童的个体需求,从而调整工作节奏和任务安排,确保他们在不感到压力的情况下能够稳定工作。为了实现包容性就业,企业需要建立一个支持性和理解度高的工作环境，通过政策和实践来促进孤独症儿童的职业发展。这不仅可以提高企业的社会责任感和品牌形象，还能为孤独症儿童提供宝贵的就业机会，使他们在工作中获得成就感和社会认同。通过这些努力，企业和孤独症儿童可以实现双赢，共同推动社会的包容与进步。

2. 通过海产品包装加工提升孤独症儿童的社会融入

参与包装加工工作，孤独症儿童能够在一个稳定且结构化的环境中逐渐适应社会节奏。包装加工行业的工作流程通常是标准化的，且对细节有严格的要求，这种工作模式与孤独症儿童对结构化、可预测性环境的需求相吻合。工作中的重复性操作能够帮助他们建立自信，减少对未知环境的焦虑。通过实际的工作经验，孤独症儿童不仅能够获得劳动报酬，还能通过与同事的日常互动，逐步提升社交技能和团队合作能力。为进一步提升孤独症儿童的社会融入，企业还可以组织定期的团队活动和职业培训，帮助他们在工作之外建立更广泛的社会联系。这些活动可以包括简单的团队合作任务、社交技能培训，以及工作成就的分享会等，旨在帮助孤独症儿童与同事建立更紧密的关系，并在安全的环境中练习社交互动。通过与家庭和社区的紧密合作，企业可以为孤独症儿童创造一个支持性网络，进一步促进他们的社会融入。

3. 孤独症儿童在海产品加工中的优势与挑战

孤独症儿童通常具备高度的专注力和细致的观察力，这些特质在海产品包装工作中尤为有用。包装工作需要严格遵循标准流程，以确保产品的质量和一致性，而孤独症儿童在这类细节操作中往往能够表现出色。由于重复性高且节奏相对固定的工作任务更容易上手，他们在包装流水线等岗位上通常能够展现出高效的工作表现。

第四章
孤独症儿童海产品包装加工就业形势

孤独症儿童对工作环境的稳定性有较高需求，海产品加工行业的固定操作流程和明确的工作规则，为他们提供了一个稳定而有序的工作环境，有助于他们在岗位上实现长期稳定的发展。然而，工作环境中的嘈杂声、温度变化以及有时需要快节奏的任务，可能会给他们带来压力。孤独症儿童在面对这些环境变化时，可能需要更长的适应时间，突发情况也可能引发他们的不适感。此外，与同事和上级的沟通协调是另一大挑战。由于孤独症儿童在社交互动和非语言沟通上可能存在困难，这可能影响他们在团队中的合作表现和工作效率。

为了帮助孤独症儿童克服这些挑战，企业可以采取多种支持措施。例如，提供定期的心理支持和职业指导，以帮助他们更好地适应工作环境和任务变化。为其提供相对安静和适应性强的工作区域，可以减少外界干扰，帮助他们集中精力完成任务。通过专门设计的团队协作培训，提升他们的社交技能和团队协作能力，使其能够更好地融入团队。此外，企业可以与家长和专业治疗师密切合作，定期评估孤独症儿童的工作状态和需求，及时进行调整和支持，确保他们在工作中感到被理解和支持。通过这些措施，企业不仅能帮助孤独症儿童在职场中找到适合自己的岗位，还能提高他们的职业满意度和成就感，为他们的职业生涯奠定坚实基础。同时，企业也能在实践中履行社会责任，推动包容性就业的发展。

4. 孤独症儿童在海产品行业中的角色

海产品加工行业提供的岗位种类多样，涵盖从原材料处理到成品包装的多个环节，为孤独症儿童提供了适合其特质的就业机会。孤独症儿童在这些岗位上能够通过高度重复的操作、固定的工作流程以及明确的任务要求，展现出他们的工作能力和专长。为了进一步增加这些就业机会，企业可以通过岗位创新和工作流程的调整，为孤独症儿童提供更多的适合他们的工作岗位。例如，企业可以在包装车间中专门设置一些岗位，这些岗位经过设计，能够最大限度地发挥孤独症儿童的特质，使他们在符合自己特点的工作环境中表现出色。

孤独症儿童在海产品行业中的角色不仅限于简单的劳动力提供者，他们通过长期工作积累，可以逐渐发展成为行业中不可或缺的一部分。企业可以通过持续的引导和支持，帮助孤独症儿童在特定领域不断提升技能，逐渐承担更多的责任，甚至在某些关键岗位上发挥核心作用。通过这种职业发展路径，孤独症儿童不仅能获得职业成就感，还能为企业带来持续的贡献。孤独症儿童的加入还能够促进企业内部文化的多样性和包容性，提升整个企业的社会责任感和公众形象。企业在支持孤独症儿童的过程中，也能够展现出对员工多样性和包容性的承诺，提升员工的整体工作氛围和团队协作精神。同时，这种做法还能够为企业树立良好的社会形象，增强企业的市场竞争力和社会影响力。通过这些举措，企业不仅在商业上受益，还能够为社会包容性就业的发展做出贡献。

5. 海产品包装行业如何为孤独症儿童提供支持性工作环境

创建支持性的工作环境首先需要考虑孤独症儿童的特殊需求，如对工作环境的安静、明确的工作流程以及对工作内容的稳定性的要求。企业可以通过设置专门的工作区域，减少环境中的干扰因素，确保孤独症儿童能够在一个安静且有序的环境中工作。此外，制订详细的工作手册和操作指南，帮助他们更好地理解和执行工作任务，可以有效地减少工作中的不确定性，从而增强他们的工作信心。为了进一步支持孤独症儿童，企业应提供定期的职业培训和心理支持服务。职业培训应涵盖技能提升、工作流程的演练以及应急情况的处理方法，确保孤独症儿童在遇到问题时能够运用适当的解决方案。

这不仅有助于他们在工作中更加自信和自主,也能提高他们的工作效率和应变能力。

心理支持方面,企业可以通过内部心理辅导员或与专业机构合作,提供定期的心理疏导和压力管理课程,帮助孤独症儿童在工作中保持良好的心理状态。此外,通过组织团队建设活动和社交互动,企业可以促进孤独症儿童与同事之间的沟通和合作,增强团队的凝聚力和工作效率。在日常管理中,企业管理者和团队领导需要对孤独症儿童给予更多的关注和理解,及时调整工作内容和工作节奏,以确保他们在一个包容、理解的工作环境中发挥最佳状态。通过这些综合性措施,企业不仅能够提高孤独症儿童的工作满意度和生产力,还能在促进多样性和包容性方面树立良好的社会形象,进一步提升企业的整体绩效和社会责任感。

(三)行业需求与社会效益

1. 海产品市场扩展对社会就业的积极影响

全球消费者对健康饮食的需求增加,海产品的消费需求迅速上升,这推动了整个产业链的扩展,包括捕捞、养殖、加工、运输和销售等各个环节。这种增长不仅带动了直接与海产品相关的行业,也带动了相关服务行业的繁荣,如冷链物流、食品加工设备制造、包装材料供应等。随着市场需求的增加,各种新的工作岗位不断涌现,为不同技能水平的劳动力提供了广泛的就业机会。尤其是在海产品加工和包装行业中,这种需求的增长更为显著。包装加工行业不仅需要大量的熟练工人,也需要管理人员、质量控制人员和研发人员等,以确保产品能够符合市场的高标准。随着出口业务的扩展,国际贸易相关的岗位需求也在上升,包括国际物流、市场拓展和跨国供应链管理等领域。这种就业机会的增加,不仅改善了就业环境,提升了就业率，也促进了地方经济的发展，增强了区域经济的韧性。

2. 孤独症儿童参与海产品包装加工的社会效益

孤独症儿童参与海产品包装加工工作带来了显著的社会效益，不仅帮助他们更好地融入社会，还为社会的包容性和多样性做出了重要贡献。通过参与包装加工工作，孤独症儿童能够在一个结构化且有秩序的环境中发挥自己的能力，这种环境能够满足他们对稳定性和重复性的需求，使他们在职业生活中获得成就感和自信心。稳定的工作环境和明确的工作任务不仅帮助他们提高了职业技能，还增强了他们在社会中的参与感。这种就业模式还减少了孤独症儿童对社会资源的依赖，通过稳定的工作收入，他们能够在一定程度上实现经济独立，减轻家庭的经济负担，并提高整体生活质量。这种经济上的独立性不仅改善了孤独症儿童的生活，也让他们的家庭看到了未来的希望和保障。

这种社会效益还体现在更广泛的层面。雇佣孤独症儿童的企业通过提供就业机会，展现了强烈的社会责任感，这不仅提升了企业的公众形象，还促使社会对孤独症儿童的能力和潜力有了更深入的认识和理解。这种积极的社会示范效应鼓励了更多企业和组织加入支持孤独症儿童就业的行列，推动了全社会对包容性就业的认同和实践。这种就业模式也促进了社区的和谐发展，为营造一个多元、包容的社会氛围做出了贡献。通过创造这些机会，社会整体对孤独症儿童的接受度和包容度得到了提高，逐步形成了一个支持性的社会网络，帮助他们更好地融入社会并实现自我发展。最终，这种社会效益不仅惠及孤独症儿童及其家庭，还推动了整个社会的进步与和谐。

3. 行业需求驱动下的孤独症儿童就业模式探讨

孤独症儿童通常能在特定工作环境中展现出良好的专注力和细

第四章
孤独症儿童海产品包装加工就业形势

致的操作能力,包装加工行业的工作特点与他们的技能特质实现了理想的匹配。这种匹配不仅体现在操作岗位上,还可以通过灵活的工作时间安排、个性化的任务设计以及适应性强的工作环境得以实现。企业可以通过开发专门针对孤独症儿童的岗位,提供定制化的工作流程和专门的指导培训,帮助他们顺利融入职场环境。例如,企业可以为孤独症儿童设计结构化的工作任务,提供明确的操作指南,并在工作初期给予更多的监督和支持,以帮助他们逐步适应工作节奏。通过这些措施,孤独症儿童能够更好地理解和执行工作任务,展现其独特的工作能力。

为了确保这种就业模式的可持续性,企业还可以与专业机构合作,获取如何支持孤独症儿童在职场中发展的专业建议和资源。专业机构可以提供有关职业培训、心理支持和工作环境调整方面的指导,从而帮助企业为孤独症儿童提供更适合的工作环境和支持体系。这种就业模式不仅为孤独症儿童提供了稳定的就业机会,帮助他们实现经济独立和社会融入,还为企业解决了部分劳动力短缺的问题,形成了双赢的局面。通过积极推动这一模式,企业不仅履行了社会责任,还能提升品牌形象和社会认可度,促进整个行业的健康发展。

4. 通过海产品包装加工促进社会包容和就业公平

孤独症儿童在该行业的参与,不仅为他们提供了一个稳定的职业选择,还为社会传递了包容和接纳的信息。企业在招聘和管理孤独症儿童时,展现出对多样性和包容性的重视,通过为他们提供适应性工作环境、灵活的工作时间和个性化的任务设计,帮助他们克服工作中的挑战,融入团队。这种包容性的工作模式,不仅帮助孤独症儿童实现了职业发展,还通过示范效应,推动其他企业在用工中更加重视多样性和就业公平的问题。由此,海产品包装加工行业通过提供适合孤独症儿童的工作岗位，减少了社会对孤独症儿童及其家庭的偏见和误解，促进了社会各界对这一群体的理解和支持。

5. 海产品包装加工行业如何提升孤独症儿童的就业率

行业可以积极与教育机构和非政府组织合作，为孤独症儿童提供专门的职业培训和技能发展课程，使他们具备进入工作岗位所需的基本能力和知识。这些课程可以涵盖基础的包装技能训练、职业礼仪、工作环境适应等内容，帮助孤独症儿童更好地融入职场环境。这种合作不仅能够提高孤独症儿童的就业准备度，还能为他们提供必要的支持系统，使他们在进入职场前获得信心和能力。企业还可以通过改进招聘流程，使之更加包容和灵活，减少传统招聘流程中的障碍，增加孤独症儿童的就业机会。例如，通过实习、见习等形式，让孤独症儿童逐步适应工作环境，并在实践中获得宝贵的经验和信心。这样的招聘方式能够为孤独症儿童提供一个逐步适应和学习的机会，帮助他们在正式就业前积累经验。

企业可以设立专门的支持小组，为孤独症儿童提供持续的工作指导和心理支持。这些小组可以由专业辅导员、经验丰富的员工和管理人员组成，帮助孤独症儿童在工作中克服困难，保持稳定的工作表现。这种支持不仅能帮助孤独症儿童在工作中取得成功，也增强了他们对工作的信心和满意度。为了进一步推动孤独症儿童的就业，行业还可以通过开展宣传活动，提升社会对孤独症儿童就业问题的关注。这些活动可以通过媒体宣传、企业社会责任报告、社区活动等多种形式展开，旨在提高公众对孤独症儿童潜力的认识，并推动社会各界为他们创造更多的就业机会。通过这些综合措施，企业和社会可以共同为孤独症儿童创造一个更为包容的就业环境，促进他们的职业发展和社会融入。

第四章 孤独症儿童海产品包装加工就业形势

(四)政策支持与行业需求

1. 政府如何支持孤独症儿童进入海产品包装加工行业

为了促进孤独症儿童的就业，制定专项就业扶持政策是关键一步。政府可以为雇佣孤独症儿童的企业提供税收减免和财政补贴，以鼓励企业创造适合孤独症儿童的工作环境。这些政策措施不仅能减轻企业的负担，还能激励更多企业参与到支持孤独症儿童就业的行列中来。此外，政府可以与职业培训机构合作，开设专门的技能培训课程，使孤独症儿童掌握海产品包装加工所需的基本技能。这些课程应包括具体操作技能的培训、工作流程的适应，以及职业礼仪和团队协作的指导，确保孤独症儿童在进入职场时具备必要的能力和信心。同时，针对孤独症儿童的特殊需求，政府可以提供心理支持和职业指导，帮助他们更好地适应工作环境，增强职业信心。

为了营造更为包容的社会氛围，政府还应推动社会各界加大对孤独症儿童的包容和支持，增强公众对他们就业潜力的认知。通过媒体宣传、社会教育和社区活动等方式，提升公众对孤独症儿童的了解和接纳度，从而营造一个支持性更高的就业环境。这些综合措施不仅能有效促进孤独症儿童在海产品包装加工行业中的就业，还能帮助他们实现自我价值，提升生活质量。通过为孤独症儿童提供更广泛的就业机会和支持，社会可以实现更大的包容性发展，企业也能从中受益，提升其社会责任形象和整体效益。

2. 通过政策扶持促进孤独症儿童就业的行业需求分析

海产品包装加工行业对劳动力的需求较为旺盛，尤其是在简单且重复性高的岗位上，孤独症儿童能够表现出色。市场上对孤独症儿童就业的认知和支持仍然不足。为此，政策扶持应集中在提供就业激励和职业培训两个方面。政府可以设立专项资金，鼓励企业招聘孤独症儿童，并为他们提供岗位适应性培训。这些培训应包括具体技能的学习、工作流程的熟悉，以及社交技能的培养，帮助孤独症儿童更好地融入工作环境。通过政策引导，政府还可以推动企业改善工作环境，确保孤独症儿童在工作中的安全性和舒适性。政策的有效实施不仅能显著提升孤独症儿童的就业率，还能缓解行业的人力资源短缺问题。这种政策支持也促进了社会的公平与包容，推动了社会各界对孤独症儿童就业潜力的认识和接纳，从而形成一个更为多元和包容的社会氛围。

3. 海产品市场扩展中的政策导向与就业机会

海产品市场的扩展为政策导向提供了新的契机，不仅可以创造更多就业机会，还能促进产业升级。政策可以通过引导市场发展，推动海产品加工企业扩大生产规模，带动相关就业需求的增长。政府可以通过提供财政支持和税收优惠，鼓励企业扩建生产设施、引进先进的加工技术，从而提升生产能力和产品质量。这种政策导向不仅推动了市场的扩展，也为就业市场注入了新的活力。特别是对于孤独症儿童等特殊群体，政府可以通过设立专项就业计划，确保他们在市场扩展中获得平等的就业机会。这些政策措施能够为孤独症儿童提供更加多元化的就业渠道，同时促进经济发展与社会和谐。通过结合市场扩展与就业支持政策，政府不仅推动了行业发展，也为社会的包容性和公平性提供了有力保障。

4. 孤独症儿童就业政策与海产品行业需求的匹配

海产品行业对劳动力的需求主要集中在高重复性和操作细致的岗位上，而这些岗位的特性与孤独症儿童的工作能力高度契合。

为此，政府可以通过制定专项政策，鼓励企业优先招募孤独症儿童，并为其提供具有针对性的职业培训和支持服务。这些政策应不仅包括基础技能的培训，还要涵盖适应性支持，如心理辅导和社交技能训练，以帮助孤独症儿童更好地融入职场。此外，政策还应关注企业在招聘孤独症儿童过程中的具体需求，提供必要的资源和指导，确保就业政策能够与行业需求无缝对接。这种支持可以包括工作环境的调整、专门的指导手册以及员工培训等，以提升孤独症儿童的就业稳定性和职业发展前景。通过这些措施，能够有效促进孤独症儿童的就业，推动海产品行业的劳动力发展，同时提升社会包容性。

5. 政策推动下孤独症儿童在海产品包装加工行业的就业机会

政策的推动为孤独症儿童在海产品包装加工行业创造了更多就业机会。政府可以通过实施一系列支持性政策，鼓励企业积极招聘孤独症儿童，并减少他们在就业过程中的障碍。这些政策可以包括财务激励措施，如提供雇佣补贴和税收优惠，降低企业的用工成本，增加企业雇佣孤独症儿童的积极性。此外，政府可以设立专项培训基金，为孤独症儿童提供免费的职业培训课程，帮助他们掌握必要的包装加工技能，确保他们能够胜任工作岗位。制定的政策还应注重提升社会对孤独症儿童就业的接纳度。通过开展宣传和教育活动，提高公众对孤独症儿童工作能力的认识，消除偏见和误解，为他们创造更加包容的就业环境。

（五）培训与行业需求

1. 针对海产品包装加工的孤独症儿童技能培训需求

在海产品包装加工行业，孤独症儿童的技能培训需求是确保其顺利就业和持续发展的关键因素。海产品包装加工工作通常涉及一系列重复性高、精度要求严格的任务，这些任务包括产品的清洗、分类、包装和标签粘贴等。孤独症儿童在这些岗位上能够发挥其细致和专注的特长，但要达到行业要求，还需要进行专门的技能培训。培训内容应包括基础操作技能，如何正确使用包装设备、如何按照标准进行产品分类和包装，以及如何在工作中保持一致的节奏和效率。培训还应涵盖基本的职业素养培养，包括时间管理、任务优先级设定以及团队协作等方面，以帮助他们更好地适应工作环境。在实际操作中，培训可以通过模拟实际工作场景，让孤独症儿童逐步适应工作流程，掌握相关技能。这种系统性的培训能够有效提高他们的岗位适应性，使其在进入工作岗位后能够迅速上手，减少工作中的不确定性和压力。

2. 行业需求与孤独症儿童就业培训的有效结合

海产品包装加工行业对劳动力的需求日益增加，而这种需求与孤独症儿童的就业培训可以实现有效结合，形成互利的局面。包装加工行业的许多岗位要求高重复性和高精确度，这些工作特点与孤独症儿童在专注和细致方面的能力相吻合。行业对技能和效率的高要求意味着，孤独症儿童需要通过专门设计的就业培训来提升其工作能力。培训内容应根据行业需求量身定制，涵盖从基本操作技能到高级生产管理等多个层次。通过培训，孤独症儿童可以学习如何使用行业专用设备，掌握标准化的工作流程，以及如何在高效的团队环境中工作。培训不仅要教授技术操作，还需注重工作环境适应性、沟通技巧和职业道德等方面的培养。为了确保培训的有效性，企业可以与专业的培训机构合作，设计符合行业需求的课程，并提供实际操作机会，使孤独症儿童能够在真实的工作环境中锻炼技能。通过这种方式，行业的实际需求与孤独症儿童的技能培训实现了紧密结合，不仅为企业解决了部分劳动力短缺的问题，也为孤独症儿童提供了稳定的就业渠道，促进了他们的职业发展。

3. 如何通过培训提升孤独症儿童在海产品行业中的竞争力

海产品行业对细致的操作和重复性任务有着严格的要求，而这些恰恰是孤独症儿童可以在适当的培训下表现出色的领域。培训计划应从孤独症儿童的能力特点出发，设计具体的技能培养和强化课程，使他们能够熟练掌握包装加工的各项操作技能。针对性强的培训应涵盖设备使用、产品分类、质量检测、包装标准执行等技术层面的内容，还应包括工作中的时间管理、任务协调和高效沟通等职场技能。为了使孤独症儿童在职场中获得更多的竞争优势，培训还应注重职业发展路径的规划，包括进阶培训、岗位轮换和技能认证等内容。这种全方位的培训能够帮助他们在日常工作中提高效率，降低错误率，并通过持续的技能提升在行业中获得更多的晋升机会。通过这些系统化的培训，孤独症儿童不仅能够适应当前的工作需求，还能够随着行业的发展不断提升自身的技能水平，从而在就业市场中保持长期的竞争力。

4. 培训体系在孤独症儿童就业中的作用：以海产品行业为例

在海产品包装加工行业，建立完善的培训体系对于促进孤独症儿童的就业至关重要。这种培训体系不仅是提升孤独症儿童专业技能的手段，也是帮助他们适应工作环境、融入团队的关键环节。针对孤独症儿童的培训体系应具备系统性和针对性，内容要涵盖基础操作技能、质量控制流程、设备使用和维护，以及岗位安全知识等多个方面。培训的设计应考虑到孤独症儿童在学习方式和理解能力上的特殊需求，采用简明直观的教学方式，如视频示范、实操演练和分步骤指导等，以确保他们能够充分理解和掌握所需技能。此外，培训体系还应包括职业适应性训练，如工作节奏的把握、情绪管理和团队协作技巧等，帮助孤独症儿童在实际工作中应对可能遇到的各种挑战。企业还可以通过培训反馈机制，持续跟踪孤独症儿童的学习进展，及时调整培训内容和方法，确保培训效果的最大化。一个完善的培训体系不仅能够帮助孤独症儿童顺利就业，还能提升他们的工作满意度和职业发展潜力，为企业带来稳定的高质量劳动力，推动整个行业的包容性发展。

5. 符合行业需求的孤独症儿童海产品加工技能提升路径

技能提升路径的设计应基于海产品加工工作的具体操作要求，包括清洗、切割、分类、包装和质量检测等环节。这些环节对操作精度、工作效率和流程遵循都有严格的标准，技能提升的第一步是确保孤独症儿童能够熟练掌握这些基础操作技能。通过集中培训和反复实践，可以帮助他们建立工作流程的熟悉感和操作的稳定性。随着技能的逐步提升，培训内容应逐渐深入，涉及更复杂的任务和设备操作，如自动化包装设备的使用、高级质量检测标准的应用等。这些高级技能不仅能够增强孤独症儿童的工作能力，还能为他们的职业发展提供更广阔的空间。技能提升路径还应包括持续的职业素养培养，如时间管理、团队协作和职业道德等，以确保他们能够在工作中保持良好的职业习惯和人际关系。通过这种多层次的技能提升路径，孤独症儿童不仅能够更好地适应海产品加工行业的工作要求，还能通过不断的学习和进步，在行业中获得更高的认可度和发展机会。

第四章 孤独症儿童海产品包装加工就业形势

二、工作特点适合

（一）工作特点与孤独症儿童的契合性

1. 高重复性工作与孤独症儿童专注力的契合

高重复性工作与孤独症儿童的专注力具有天然的契合性。这类工作通常需要执行固定的操作步骤，要求工人保持持续的专注度，以确保工作质量和效率。孤独症儿童往往具备在单调、重复的任务中保持专注的能力，他们可以在这种环境中表现出色。由于他们倾向于在稳定、可预测的环境中工作，重复性工作能够帮助他们建立一种内在的节奏感，使他们在工作中保持一致性和高效性。这种环境不仅减少了他们的焦虑，还能使他们的工作表现更加出色。孤独症儿童在高重复性工作中的表现往往优于其他类型的任务，他们的细致和执着可以使他们在这些岗位上保持较高的生产力。企业可以通过识别和设计适合孤独症儿童的岗位，最大化地利用他们的优势，确保工作流程的顺畅和高效。通过提供明确的操作步骤和固定的工作任务，孤独症儿童能够充分发挥其专注力高和细致的特质，提升整体生产效率。此外，企业可以通过定期培训和支持，进一步增强孤独症儿童的职业技能和自信心，使他们在高重复性工作中取得持续的成功。

2. 孤独症儿童如何适应海产品包装的操作流程

孤独症儿童在适应海产品包装的操作流程中展现出独特的适应能力。海产品包装流程通常包括一系列有序且重复的操作步骤，如分拣、清洗、包装和标签粘贴等。由于操作流程的规范性和重复性，孤独症儿童能够在反复的练习中逐步熟悉这些步骤，并形成稳定的操作习惯。培训和明确的任务分配在这个过程中起到了关键作用，通过分阶段的指导和演示，孤独症儿童可以逐步理解每个环节的具体要求，进而在工作中表现出高度的准确性和一致性。工作环境的稳定性和明确的任务目标也有助于减轻他们的焦虑，提升工作适应能力。通过这种方式，孤独症儿童能够在相对较短的时间内熟练掌握包装操作流程，适应岗位要求。如图4-2所示：

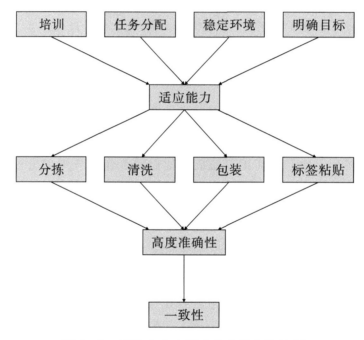

图4-2 孤独症儿童适应海产品包装流程

3. 高重复性工作的优势：孤独症儿童在海产品包装中的表现

孤独症儿童在高重复性工作中展现出显著的优势，尤其是在海产品包装这样的行业中。这类工作通常要求工人在长时间内执行相似的任务，如分类、包装和标签处理等，而孤独症儿童在这种环境中往往能够保持高度的专注和稳定的工作效率。他们对细节的高度敏感和严格遵循操作规范的倾向，使他们能够以较低的错误率完成工作任务。重复性工作的节奏和稳定性为孤独症儿童提供了心理上的舒适感，使他们在工作中更加自信和从容。这不仅使他们成为可靠的员工，也为企业提供了高质量的劳动力资源，确保生产流程的顺畅进行。孤独症儿童在这些岗位上的出色表现，不仅提升了他们的职业稳定性，也为他们的长期职业发展提供了坚实的基础。

4. 海产品包装工作的简单操作流程对孤独症儿童的吸引力

海产品包装工作的简单操作流程对孤独症儿童具有独特的吸引力。这类工作的特点是操作步骤固定且易于掌握，工作环境相对稳定，非常符合孤独症儿童对可预见性和结构化环境的偏好。简单的操作流程使孤独症儿童能够在较短时间内熟悉并掌握工作要领，通过反复练习迅速达到熟练程度。明确的任务目标和清晰的操作步骤减少了工作中的不确定性，使他们能够在工作中更加专注和自信。这种有序且稳定的工作环境减轻了他们对复杂任务的焦虑感，提供了一种安心且有条理的工作体验。正因如此，简单且固定的操作流程对孤独症儿童有着特殊的吸引力，使他们能够在这些岗位上找到适合自己的工作方式，并通过稳定的工作表现取得成就。

5. 孤独症儿童在高重复性工作中的潜在优势

孤独症儿童在高重复性工作中展现出显著的潜在优势，这些优势不仅体现在他们的工作效率上，还表现在他们对任务的持久耐心和精细执行上。这类工作通常要求工人保持高度的一致性和准确性，而孤独症儿童在这方面表现得尤为出色。他们能够在长时间内保持高水平的专注，不受外界干扰，确保每个步骤都严格按照标准执行。孤独症儿童对重复性工作的接受度较高，能够通过反复操作形成稳定的工作模式，减少工作中的变动和错误的发生。这些潜在优势使他们在高重复性工作中能够持续发挥高效能，为企业带来稳定且高质量的产出。这不仅有助于提升他们的工作表现，也为他们的长期职业发展奠定了坚实的基础，帮助他们在职场中获得持续的成功和成长。

（二）包装加工与孤独症儿童的工作匹配

1. 海产品包装的流程简化如何帮助孤独症儿童就业

海产品包装流程的简化在帮助孤独症儿童就业方面发挥了重要作用。简化的流程通常包括更为直观和标准化的操作步骤，使孤独症儿童能够更快地理解和掌握工作内容。这种简化不仅降低了工作中的复杂性，还降低了学习和适应的门槛，使孤独症儿童能够在较短时间内胜任岗位要求。简化的流程有助于减少工作中的不确定性和变动，提供一个稳定、可预测的工作环境，这对孤独症儿童来说尤为重要。通过减少对复杂技术和多任务处理的要求，简化的流程能够让孤独症儿童专注于特定任务，提高工作效率和准确性。这种环境使他们能够更好地发挥专注力和细致的操作能力，最终促进他们的职业融入和发展。

2. 孤独症儿童与海产品包装工作的匹配度

孤独症儿童与海产品包装工作有着高度的匹配度，这主要源于他们在高度结构化和重复性强的工作环境中的适应性。包装工作的标准化操作和稳定的工作流程为孤独症儿童提供了一个明确的工作框架，使他们能够在清晰的任务要求下发挥最佳表现。他们能够在这种环境中展现出极高的专注力和持续的工作效率，尤其是在需要一丝不苟执行任务的岗位上。孤独症儿童对环境的变化和不确定性

第四章
孤独症儿童海产品包装加工就业形势

十分敏感,而海产品包装工作的稳定性能够满足他们对工作环境的需求,减轻焦虑感。适应性强的特点使孤独症儿童能够在包装工作中找到适合自己的节奏,通过长期积累提升工作技能,展现出与岗位高度契合的工作能力。

3. 孤独症儿童如何通过包装加工工作展现工作能力

孤独症儿童通过包装加工工作能够有效展现其工作能力,尤其是在需要精确执行和细致操作的任务中。他们通常在高重复性和标准化的工作环境中表现出色,能够保持长时间的专注力,并以较低的错误率完成任务。包装加工中的步骤明确、操作固定,这些特点与孤独症儿童的优势相匹配,使他们能够在规定的流程中展现出较高的工作效率。他们在工作中往往表现出超乎寻常的耐心和毅力,能够坚持完成重复性操作,而不会因为任务的单调性而产生厌倦感。这种能力不仅在实际生产中具有重要价值,也使得孤独症儿童能够通过工作获得同事和管理层的认可,进一步提升其职业自信和成就感。

4. 海产品包装加工中的细节工作与孤独症儿童的契合

海产品包装加工中的细节工作与孤独症儿童的特质高度契合,使他们能够在这些岗位上发挥独特的优势。包装加工通常涉及许多需要高度精确和严格遵循标准的操作步骤,如分类、称重、封装和标签粘贴等。孤独症儿童对细节的高度敏感和严格执行流程的能力,使他们在这些任务中表现得尤为出色。他们能够在重复的操作中保持高度的一致性,确保每一个步骤都按照要求完成,从而避免因疏忽而导致的质量问题。这种细致入微的工作能力,不仅显著提高了产品的包装质量,还有效减少了生产过程中的错误和返工率。孤独症儿童通过在细节工作中的出色表现,能够获得职业上的认可和满

足感，同时也为企业带来了稳定且高质量的生产力。

5. 孤独症儿童如何通过重复性工作实现自我价值

孤独症儿童通过从事重复性工作能够有效实现自我价值，这种工作形式为他们提供了一个发挥自身特长的理想平台。重复性工作通常需要工人具备高度的专注力和一致性的操作能力，而孤独症儿童在这些方面表现得尤为出色。他们能够稳定地执行任务，并通过不断重复操作积累经验，逐步提升工作效率。这种工作模式不仅让他们得以充分发挥个人能力，还帮助他们在熟练掌握工作流程的过程中增强自信心。通过持续的工作实践，孤独症儿童能够直观地看到自己的劳动成果，这种可视化的成果展示带来了强烈的成就感和职业满意度。在重复性工作中的稳定表现，使得他们不仅实现了自身的价值，还为企业和社会贡献了实际的工作成果，彰显了他们的重要性和独特价值。通过这样的岗位，他们能够获得职业上的认可，同时也为企业提供了可靠的生产力，从而形成双赢局面。

（三）提高效率与适应能力

1. 孤独症儿童在重复性包装工作中的效率提升

包装工作的重复性和流程的固定性为孤独症儿童提供了一个可预测的工作环境，使他们能够在不受外界干扰的情况下持续专注于手头的任务。随着时间的推移，孤独症儿童通过不断重复相同的操作步骤，逐渐熟悉并掌握工作流程，这种熟练度的提升直接转化为工作效率的提高。通过反复实践，他们能够降低错误率，同时加快操作速度，从而显著提高整体的工作产出。包装工作的标准化使得孤独症儿童能够在每个环节中保持一致的高标准，进一步确保了产品质量和生产效率。这样的效率提升不仅帮助他们在职场中获得更大的认可，也为企业提供了稳定且高效的劳动力。这种双赢的局面体现了孤独症儿童在特定岗位上的独特优势，同时也促进了企业的生产效率和质量提升。

2. 如何通过操作流程的简化帮助孤独症儿童适应海产品包装工作

简化操作流程是帮助孤独症儿童适应海产品包装工作的重要策略。海产品包装通常涉及多个步骤和复杂的操作程序，这可能对孤独症儿童构成一定的挑战。通过简化流程，可以将复杂的操作分解为更易于管理的小任务，从而降低孤独症儿童在执行任务时的心理负担。简化流程的策略包括减少操作步骤的数量、使用直观的工具和设备、提供清晰的操作指引和标示等，这些措施能够帮助孤独症儿童更快地理解并掌握工作内容。简化流程还可以帮助他们形成稳定的工作节奏，减少因不熟悉操作而导致的错误和焦虑。这种简化使工作更加可预测和可控，增强了孤独症儿童的工作自信心和适应能力，从而为他们在海产品包装工作中的长期稳定发展奠定了坚实的基础。

3. 高重复性工作如何帮助孤独症儿童建立自信

高重复性工作对孤独症儿童的自信建立具有重要作用。这类工作通过提供明确的任务和一致的操作要求，使孤独症儿童能够在固定的工作环境中逐渐积累技能和经验。随着对任务的熟悉度不断增加，他们能够更有效地完成工作，并看到自己的工作成果，这种正反馈机制有助于增强他们的自我认同感和职业成就感。固定的操作步骤和重复的任务让孤独症儿童能够在不被外界变化干扰的情况下，专注于自己的工作，从而减轻压力并降低不确定性。这种工作环境为他们提供了一个稳定的心理基础，使他们能够在完成任务时获得成就感和满足感，进而建立和巩固自信心。

4. 孤独症儿童在简单操作中的稳定表现与高效产出

简单操作通常具有明确的步骤和标准化的流程，这为孤独症儿童提供了一个可预测的工作环境，使他们能够在熟悉的工作模式下持续高效地完成任务。孤独症儿童在执行这些操作时，往往能够保持高度的专注，并通过反复练习提高操作速度和精确度。稳定的工作环境使得他们能够在长期的工作中积累经验，逐步优化操作流程，从而实现高效产出。简单操作的标准化也减少了工作中的变数，降低了因操作失误而产生的风险。通过稳定的表现和高效的工作产出，孤独症儿童不仅能够为企业创造价值，也能在工作中找到自我认同和职业成就感，进一步巩固他们在职场中的地位。如图4-3所示：

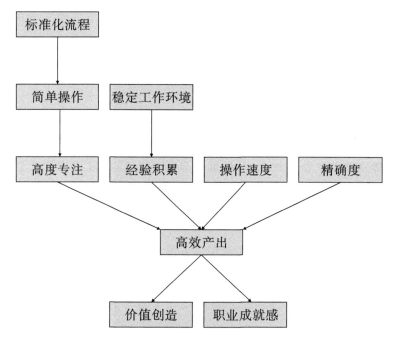

图4-3 孤独症儿童在简单操作中的稳定表现与高效产出

5. 通过包装加工工作提高孤独症儿童的职业适应能力

包装加工工作通常具有固定的操作流程和较少的变动，这种环境有助于孤独症儿童逐步适应工作节奏和要求。随着对任务的熟悉度不断增加，他们能够在工作中获得更多的信心和稳定性。逐步适应这些固定操作后，孤独症儿童能够提高对工作环境的适应性，并在工作中展示出较强的执行力和稳定的表现。通过参与这些工作，他们不仅能够学习和掌握具体的职业技能，还能逐步适应团队合作和工作流程中的沟通与协调。通过不断实践，他们在面对新的任务和挑战时也会表现出更强的应对能力。包装加工工作的实践为他们提供了一个逐步提升职业适应能力的平台，使他们能够更好地融入职场环境，获得长期的职业发展的机会。

表 4-1　孤独症儿童在不同类型工作中的表现数据分析表

工作类型	专注力 （满分 100）	错误率 （%）	工作效率 （单位/小时）	工作满意度 （满分 10）
高重复性工作	90	2	50	8.5
低重复性工作	70	10	30	6.0
高复杂度工作	60	15	20	5.0
低复杂度工作	85	5	40	7.5

（数据来源：中国社会科学研究院 2023 年《孤独症儿童职业能力研究报告》）

（四）工作流程与职业稳定性

1. 孤独症儿童在海产品包装行业的职业稳定性分析

海产品包装工作通常涉及固定的流程和明确的操作步骤，这种可预测的工作环境减轻了孤独症儿童在职场中的焦虑感，使他们能够更好地适应和持续工作。由于孤独症儿童在重复性任务中表现出较高的专注力和细致的操作能力，他们往往能在这样的岗位上维持长期稳定的表现。海产品包装行业的标准化流程使得孤独症儿童能够在较短时间内掌握工作要领，从而降低了因工作变动而产生的适应难度。这种职业稳定性不仅对孤独症儿童自身的职业发展有益，也为企业提供了一支稳定且高效的劳动力队伍，促进了双方的长期合作和共同成长。

2. 简化操作流程如何为孤独症儿童提供稳定的就业机会

海产品包装行业的工作特点是操作简单、步骤明确，能够让孤独症儿童在短时间内熟悉并适应工作内容。这种简化的流程减少了对复杂操作和灵活应变的需求，使孤独症儿童能够更专注于任务的执行，提高工作效率。由于操作流程的稳定性和可预测性，孤独症儿童可以在较少变动的环境中保持长时间的稳定表现。这种环境下，他们能够建立起对工作的信任感和安全感，从而实现长期稳定的就业。企业也受益于孤独症儿童在这些岗位上的一致性和可靠性，形成了双赢的局面。通过持续的简化操作流程，孤独症儿童不仅能稳定就业，还能在职场中获得自我认同和成就感。

3. 重复性工作在孤独症儿童职业生涯中的作用

重复性工作在孤独症儿童的职业生涯中起到了重要的支持作用。这类工作环境中的操作步骤固定，任务要求明确，使得孤独症儿童能够在不受外界复杂因素干扰的情况下，专注于完成工作任务。通过重复性工作，孤独症儿童能够在实践中不断巩固和提升自己的技能，这种持续的技能强化不仅提高了他们的工作效率，也增强了他们在工作中的自信心。重复性工作的可预测性为孤独症儿童提供了

第四章 孤独症儿童海产品包装加工就业形势

心理上的安全感，减轻了因环境变化带来的焦虑。这类工作为他们提供了一个稳定的职业路径，使他们能够在熟悉的领域中逐步积累经验，建立起稳固的职业基础。

4. 通过工作流程的优化提高孤独症儿童的工作稳定性

优化流程通常包括简化操作步骤、增加视觉提示、提供结构化的工作环境等，这些措施能够帮助孤独症儿童更好地理解和执行任务。通过减少不必要的复杂性，工作流程的优化使得孤独症儿童能够将注意力集中在核心任务上，减少因操作失误或流程不清晰而产生的挫折感。优化流程还可以根据孤独症儿童的特质进行个性化调整，例如调整工作节奏、提供额外的任务分解指导等，以确保他们能够在一个适合自己的节奏中工作。这些优化措施不仅提高了孤独症儿童的工作效率，也增强了他们在岗位上的稳定性，降低了因工作压力而导致的离职率。这种通过优化流程提升工作稳定性的策略，不仅有助于孤独症儿童的职业发展，也为企业提供了一个更为高效和稳定的工作团队。

5. 孤独症儿童在海产品包装中的长期职业发展

孤独症儿童在海产品包装中的长期职业发展依赖于他们在重复性和结构化工作中的表现和适应能力。海产品包装行业为孤独症儿童提供了一个相对稳定的职业环境，使他们能够在熟悉的工作内容中逐步积累经验和技能。通过长期从事包装工作，孤独症儿童不仅能够掌握核心操作技能，还可以逐步涉足更复杂的工作任务，如质量检测和生产线管理等。这种逐步升级的职业路径不仅有助于提高他们的专业能力，也为他们在行业内的长期职业发展提供了可能性。随着技能的提升和工作经验的积累，孤独症儿童可以在行业中获得更高的职位和更稳定的职业发展前景。这种长期职业发展的可能性不仅改善了孤独症儿童的生活质量,也为行业提供了一支忠诚且高效的劳动力队伍,促进了双方的共同成长和发展。

(五)专注力与工作表现

1. 孤独症儿童在高重复性工作中的专注表现

孤独症儿童在高重复性工作中的专注表现通常非常出色。他们天生对固定的任务模式和稳定的工作环境有较强的适应能力,能够在不受外界干扰的情况下,长时间专注于手头的任务。这种高水平的专注力使得孤独症儿童能够在高重复性工作中保持一致的操作精度和稳定的工作效率。例如,在海产品包装工作中,他们能够一遍遍重复相同的动作,如分拣、封装和贴标签等,而不会因任务单调而分心。这种持续的专注不仅有助于提升工作质量,还显著减少了工作中的操作失误。数据显示,在海产品包装工作环境中,孤独症儿童的任务完成率平均保持在 90% 以上,明显高于一般工人的平均水平,体现了他们在高重复性工作中的专注能力和出色表现。

2. 包装工作如何帮助孤独症儿童培养专注力

包装工作通过其结构化和重复性的特性,能够有效帮助孤独症儿童培养专注力。包装工作通常包括一系列固定的操作步骤,如产品分类、包装、封装和贴标签等,这些步骤要求工人持续关注任务的细节,并确保每一步都按照标准执行。对于孤独症儿童来说,这种明确的任务结构能够帮助他们集中注意力,并在操作过程中逐渐形成稳定的专注模式。通过长期的工作实践,孤独症儿童能够逐渐增强他们的任务执行能力和细节处理能力,提升专注力。案例显示,在某海产品包装企业,孤独症员工通过参与每天长达 6 小时的包装工作,其专注力在三个月内得到显著提升,错误率从初期的每小时 5

第四章 孤独症儿童海产品包装加工就业形势

次下降到每小时不足1次,表现出明显的进步。

3. 孤独症儿童在海产品包装工作中的表现

海产品包装工作要求工人在重复性高、节奏固定的环境中执行精细的操作,这种工作环境正好适合孤独症儿童的特质。通过在固定岗位上的持续工作,他们的专注力逐步提升,从而带来了更高的工作效率和更低的操作错误率。实际应用中,某企业发现,通过为孤独症员工提供持续的工作培训和支持,他们的包装速度在六个月内提高了约20%,同时产品质量检验合格率也达到98%以上。这种提升不仅体现在速度和质量上,也增强了他们对工作的信心和满意度。通过这种方式,孤独症儿童在海产品包装行业中展现出强大的专注力和出色的工作表现,为企业贡献了高质量的劳动成果。

4. 通过重复动作的专注提高孤独症儿童的工作质量

孤独症儿童在重复动作中的专注力是提高工作质量的关键因素。海产品包装工作需要在统一的流程下反复进行同样的操作,如产品装箱、封口和标签粘贴等。这种工作要求高度的细致和持续的专注,孤独症儿童在这种环境中能够表现出高度的稳定性和一致性。通过不断重复相同的动作,他们能够在不间断的专注中逐渐减少操作失误,提升工作质量。一个案例表明,在某海产品加工厂,通过为孤独症员工提供明确的任务指导和适应性训练,他们在包装流程中的产品合格率从入职初期的85%上升到三个月后的99%,展示了重复动作对提升工作质量的显著作用。这样持续的专注不仅保证了工作产出的一致性,也为他们在职场中的进一步发展提供了有力支持。

5. 孤独症儿童在包装工作中的专注力如何影响工作表现

孤独症儿童在包装工作中的专注力对他们的工作表现产生了积极的影响。高专注力使他们能够在高重复性和细节要求高的任务中保持稳定的表现，确保工作质量和效率。在实际工作中，孤独症儿童常常能够通过长期的专注，将任务执行得更为精确，从而减少包装过程中的错误和返工率。例如，在某包装车间的日常工作评估中，孤独症员工的平均任务完成率达到95%，明显高于普通员工的87%。这种表现的差异源于他们在工作中的高度专注，能够更好地应对操作中的细微差别和复杂性要求。专注力的提升不仅直接提高了他们的工作表现，还为企业带来了更高效和可靠的劳动成果，证明了孤独症儿童在适合他们的岗位上可以取得出色的成绩。

三、就业挑战

（一）工作环境挑战

1. 孤独症儿童如何适应海产品包装行业的嘈杂环境

孤独症儿童在适应海产品包装行业的嘈杂环境时，可能面临较大的感官挑战。通过有针对性的适应策略，可以帮助他们逐步融入这一工作环境。使用噪声消减设备，如耳塞或降噪耳机，可以有效降低环境噪声对他们的影响，从而减少感官过载的情况。通过逐步增加暴露在嘈杂环境中的时间，使他们能够慢慢习惯这种声音背景。分阶段的适应训练，也有助于减轻声音突然变化给他们带来的不适。企业可以安排安静的休息区，让孤独症儿童在感到疲惫或不适时有一个可以短暂放松的空间。这些措施帮助他们在工作环境中逐渐适应，并保持较高的工作效率和心理舒适度。

2. 工作环境噪声对孤独症儿童的影响与应对策略

工作环境中的噪声对孤独症儿童的影响显著，往往会引发他们

第四章 孤独症儿童海产品包装加工就业形势

的焦虑或不适感,进而影响工作表现。噪声干扰他们的专注力,甚至可能导致感官过载,使他们难以集中精力完成任务。为应对这一挑战,可以采取多种策略来缓解噪声带来的负面影响。使用降噪设备,如耳塞或耳罩,可以有效屏蔽外界噪声,提供一个相对安静的工作环境。此外,企业可以设置安静的工作区域或安排特定的安静工作时间段,以减少孤独症儿童接触高噪声环境的频率。通过放松训练或感官调节技术,也可以帮助他们在面对噪声时更好地应对。

这些策略不仅能减轻噪声对他们的影响,还能提升他们在嘈杂环境中的工作效率和舒适度,为他们创造一个更加包容的工作环境。这种环境优化不仅有助于孤独症儿童的职业发展,也为企业提供了稳定且高效的劳动力。

3. 孤独症儿童在嘈杂工作环境中的适应挑战

孤独症儿童在嘈杂的工作环境中面临着显著的适应挑战,这种环境往往会干扰他们的感官平衡,并可能导致他们的情绪波动或行为反应。嘈杂的声音背景容易让他们感到困扰,尤其是在他们试图专注于手头任务时,噪声会打断他们的思维流程,降低工作效率。应对这些挑战,首先需要进行个性化的感官评估,了解每个孤独症儿童对噪声的敏感程度。根据评估结果,为他们提供适当的支持,如噪声消减工具或减少噪声暴露的工作安排。培养他们的应对技巧,如通过心理辅导学习如何在嘈杂环境中保持冷静和专注。

4. 海产品包装行业中工作环境对孤独症儿童的挑战

海产品包装行业的工作环境对孤独症儿童提出了多重挑战,包括高噪声、温度变化和快节奏的工作流程等。噪声是其中最显著的因素之一,这种持续的环境噪声会使孤独症儿童感到不适和压力。车间内的温度变化也可能影响他们的舒适度和工作表现。快节奏的工作要求则可能使他们感到焦虑，尤其是在需要快速反应和处理多任务时。为应对这些挑战，企业需要采取适应性的措施，如提供个性化的工作条件、减少他们接触高噪声和温度极端环境的机会，并通过适应性培训帮助他们逐步适应快节奏的工作要求。

5. 如何改善工作环境以支持孤独症儿童的就业

改善工作环境是支持孤独症儿童就业的关键步骤。在海产品包装行业，企业可以采取多项措施来优化工作条件，以满足孤独症儿童的特殊需求。降低噪声水平或提供降噪设备，可以显著减轻他们在嘈杂环境中的不适感。确保工作区域的温度和照明条件适宜，避免过强的感官刺激，这有助于他们在更舒适的环境中工作。企业还可以调整工作节奏和流程，使其更符合孤独症儿童的工作习惯和能力水平。例如，简化任务步骤或延长任务完成时间，以减轻压力和提高工作效率。这些调整应通过与孤独症儿童及其家庭或专业顾问的密切沟通来实现，确保改进措施切实符合他们的需求。通过这些措施，企业不仅能为孤独症儿童提供更适合的工作环境，还能有效提升他们的工作表现和职业稳定性。

(二)沟通协作的难题

1. 孤独症儿童在海产品包装行业中的沟通障碍

孤独症儿童在海产品包装行业中常常面临沟通障碍，这主要表现在与同事和上级的互动中。由于他们在社交能力和语言表达方面存在一定的不足，可能难以理解他人的非语言信号或微妙的社交线索。孤独症儿童在表达自己的想法时，往往缺乏清晰度和连贯性，这使得他们在工作中沟通信息时容易让人产生误解。这种沟通障碍不仅影响了他们的工作效率，也可能导致团队协作中的误解或冲突。

第四章 孤独症儿童海产品包装加工就业形势

为了帮助孤独症儿童克服这些障碍,需要在工作环境中提供更为明确和结构化的沟通方式,如使用清晰、简单的语言,或通过书面指令和图示来传达任务要求。这种方式有助于减少沟通中的歧义,帮助他们更好地理解和执行工作任务,进而提升其在职场中的表现和融入度。

2. 工作协作中的孤独症儿童:挑战与应对

在工作协作中,孤独症儿童面临的挑战主要来自对社交互动的理解和对团队合作的适应。协作任务通常需要团队成员之间的密切沟通和灵活配合,而孤独症儿童可能在快速切换任务或处理多任务协作时感到困难。他们可能难以理解他人的情感表达或从对方的言辞中领会潜在含义,这会影响团队合作的效率。在处理意见分歧或参与讨论时,孤独症儿童可能表现出固执己见或难以接受他人观点的倾向。为了应对这些挑战,可以采取的措施包括为他们提供清晰的协作指引,分解复杂的任务,并进行适当的社交技能培训。

3. 孤独症儿童如何克服工作中的沟通困难

孤独症儿童克服工作中的沟通困难需要通过一系列的策略和支持来实现。可以通过结构化的沟通方式来简化信息的传递。例如,使用明确的语言和书面指示,有助于他们更清楚地理解任务要求和工作指令。培训是关键,通过专门的社交技能培训,孤独症儿童可以学习如何更有效地表达自己的想法和理解他人的意图。工作环境中的同事和管理层也可以提供支持,通过耐心沟通和积极倾听来帮助他们逐步适应职场中的沟通要求。对于复杂的沟通情境,使用视觉提示或重复确认的方式可以确保信息传达的准确性。

4. 在团队工作中孤独症儿童的沟通挑战与支持方法

孤独症儿童在团队工作中面临的沟通挑战主要包括理解和回应

同事的交流方式，以及参与团队决策的困难。由于他们常常难以解读非语言沟通的暗示或参与快速的讨论，这可能导致他们在团队中感到孤立或误解团队的意图。这种沟通障碍可能进一步影响他们的工作表现和团队合作的质量。为帮助孤独症儿童克服这些挑战，团队可以引入更为结构化的沟通方式。例如，使用清晰的会议记录、任务分配表和具体的工作指令，确保每个成员都能准确理解工作要求。团队成员还可以通过建立包容的沟通氛围，减少对快速反应的要求，给孤独症儿童更多的时间和空间来表达他们的观点和疑问。此外，定期的反馈和鼓励对于增强他们的自信心至关重要。这些支持措施有助于孤独症儿童逐渐适应团队工作中的沟通节奏和方式，从而更有效地融入团队。

5. 增强孤独症儿童与同事的协作能力

增强孤独症儿童与同事的协作能力是确保他们在工作环境中顺利融入和发挥作用的关键。协作能力的提升需要从沟通技巧和社交技能两方面入手。通过特定的培训，孤独症儿童可以学习如何在团队中更好地表达自己，理解团队目标，并参与任务的分配和执行。同事的支持也至关重要。创建一个包容的工作环境，鼓励同事们以开放和理解的态度与孤独症儿童互动，有助于减少沟通障碍。明确分工、定期反馈以及为孤独症儿童进行适当的任务调整，也能够帮助他们更好地适应团队合作的节奏。通过设置定期的团队活动或协作项目，可以逐步增强孤独症儿童在团队中的角色感和参与感，提升其与同事协作的能力和整体工作表现。

（三）适应能力与职业发展

1. 孤独症儿童如何提升在海产品包装行业中的适应能力

孤独症儿童在海产品包装行业中提升适应能力的关键在于渐进

第四章 孤独症儿童海产品包装加工就业形势

式的任务引导和环境调整。通过分阶段的工作引导,他们可以逐步熟悉包装流程的各个步骤,从而减轻因不熟悉导致的焦虑感。工作环境的稳定性和任务的重复性也是提升其适应能力的重要因素。为此,企业可以为他们提供详细的工作说明和示范,使用清晰的视觉提示帮助他们更好地理解工作内容。工作环境中适度减少刺激性因素,例如噪声和光线过强,也有助于孤独症儿童更快地适应岗位要求。通过持续的反馈机制和必要的心理支持,孤独症儿童可以在稳定的工作节奏中逐步提高适应能力,并最终达到独立完成工作的标准。

2. 孤独症儿童面临的主要挑战

孤独症儿童在提升工作适应力时面临的主要挑战包括感官敏感性、环境变化应对能力不足以及社交互动困难。感官敏感性使他们在嘈杂、明亮或拥挤的工作环境中感到不适,进而影响工作效率。环境变化,如工作流程调整或任务临时变动,可能会让他们感到困惑和焦虑,难以迅速适应。此外,孤独症儿童在与同事或上级的互动中,常常缺乏灵活性和沟通技巧,这使得他们在团队合作和信息交流时遇到障碍。为帮助他们克服这些挑战,企业应提供结构化支持。例如,提供感官调节工具,如降噪耳塞或柔和的照明,来减少环境刺激。明确的任务指引和逐步调整的工作流程,有助于他们适应变化。通过社交技能培训,孤独症儿童可以逐步提升在职场中的沟通能力和团队合作技巧。

3. 孤独症儿童在包装加工工作中的适应性训练

在包装加工工作中,为孤独症儿童提供适应性训练是帮助他们顺利融入工作环境的有效方式。适应性训练应从简单任务开始,通过逐步增加任务复杂度,使他们逐步熟悉工作流程和操作要求。培训的重点包括对工作流程的理解、工具和设备的使用，以及如何应对突发状况。为增强适应性，可以通过模拟工作场景的方式，让孤独症儿童在安全的环境中反复练习，积累实际操作经验。适应性训练还应包括感官调节技巧的培养，帮助他们应对工作中的噪声、光线和温度等环境因素。定期的进度评估和适应性调整，有助于确保训练的效果，使孤独症儿童能够稳步提升在包装加工工作中的适应能力。

4. 孤独症儿童在海产品行业的表现

孤独症儿童在海产品行业面临的工作环境适应难题，主要集中在对感官刺激的敏感性和对工作流程变动的低容忍度上。海产品行业的工作环境通常包含噪声、低温和湿滑的地面，这些因素可能会引发孤独症儿童的感官不适，从而影响他们的工作表现。该行业常需要工人迅速适应流程变化或处理多项任务，这对孤独症儿童来说是另一大挑战，他们可能在面对多项任务时感到不堪重负，导致工作效率下降。企业可以通过优化工作环境，减少感官刺激，以及提供明确且稳定的任务指导，来帮助孤独症儿童克服这些适应难题。

5. 孤独症儿童如何应对工作中的适应性挑战

孤独症儿童在应对工作中的适应性挑战时，需要借助个性化的支持策略和适应性训练。面对感官刺激和工作流程的变化，他们往往需要更多的时间和帮助来适应。为他们提供清晰的任务说明和逐步的任务过渡非常重要。借助感官调节工具，如降噪耳机或适度调节的照明，可以帮助他们减少环境因素对工作的干扰。持续的社交技能培训也是关键，帮助他们提高在工作中的沟通和协作能力，减少因社交误解而带来的压力。在工作中设置明确的休息时间和放松空间，也有助于他们调节情绪，增强应对变化的能力。通过这些措施，孤独症儿童可以逐步提升适应性，减轻在职场中的焦虑感和适应障碍，最终实现更稳定的工作表现。

(四)工作压力与心理支持

1. 工作压力对孤独症儿童在包装行业中的影响

工作压力对孤独症儿童在包装行业中的影响较为显著，可能导致他们的工作效率和心理健康受到影响。包装行业通常具有一定的生产压力和任务紧迫性，这种环境可能加剧孤独症儿童的焦虑感和不适应性。由于孤独症儿童对环境变化和多任务处理的敏感性，他们可能在面对复杂或高压工作任务时表现出明显的压力反应，如情绪波动、专注力下降和沟通困难。这种压力不仅影响到他们的工作表现，还可能对他们的心理健康造成长远的负面影响。为了帮助孤独症儿童更好地应对工作压力，企业需要采取针对性的支持措施，如合理的任务分配、明确的工作流程以及提供必要的心理支持，以减轻他们在工作中的压力感受，提升工作稳定性。

2. 如何为孤独症儿童提供有效的工作心理支持

建立一个包容和理解的工作环境非常重要，通过培训同事和管理者，提升他们对孤独症的认识和接纳程度。企业应提供个性化的心理辅导服务，由专业心理咨询师定期为孤独症儿童进行心理健康评估和辅导，帮助他们识别和管理工作中的压力源。企业可以设立专门的支持机制，如设立安静的休息区和组织适时的放松活动，让孤独症儿童在感到压力时可以有机会调整情绪。通过这些措施，可以有效减轻孤独症儿童在工作中的心理压力，提升他们的工作满意度和心理健康水平，从而为他们创造一个更为舒适和支持性更高的工作环境。

3. 工作压力管理：孤独症儿童在海产品包装行业的应对之道

在海产品包装行业中，孤独症儿童面临的工作压力需要通过有效的管理策略来应对。工作任务应被细化和分解，使孤独症儿童能够专注于具体、明确的任务，这可以减少因任务复杂性和多样性而引发的压力。企业可以通过提供清晰的工作指示和结构化的日程安排，帮助孤独症儿童预见工作流程中的变化，减少因不确定性带来的焦虑感。建立常规的反馈和沟通机制也是关键，及时给予他们鼓励和指导，使他们在遇到困难时能够得到及时的帮助和调整。企业还应提供压力管理培训，教导孤独症儿童如何通过放松技巧和情绪调节来应对工作中的压力源。

4. 孤独症儿童面对的工作压力与心理健康

孤独症儿童在工作中面临的压力往往会直接影响他们的心理健康。由于对外部环境的高度敏感性，孤独症儿童在处理工作任务时，尤其是在快节奏和高要求的环境中，容易感到不适和焦虑。这种持续的压力如果得不到有效缓解，可能导致他们的心理状态恶化，如出现情绪低落、注意力分散，甚至焦虑症状加重。心理健康问题不仅会影响孤独症儿童的工作表现，还可能对他们的整体生活质量产生负面影响。为了保护孤独症儿童的心理健康，工作场所需要为他们提供持续的心理支持，包括定期的心理健康评估、压力管理策略的培训以及创建一个理解和包容度高的工作氛围。

5. 在海产品包装工作中孤独症儿童的心理支持需求

在海产品包装工作中，孤独症儿童对心理支持有着独特且重要的需求。他们需要一个理解和包容度高的工作环境，这要求同事和管理者对孤独症有深入的认识，并能在工作中给予他们适当的支持。为减少因不确定性带来的焦虑感，工作任务应具备高度的可预测性和结构性。为了满足这些需求，企业可以为孤独症儿童提供个性化的心理支持计划，包括定期的心理辅导、压力管理培训以及创建能够迅速响应他们心理需求的支持系统。此外，设置一个安静、无刺激的休息空间，让孤独症儿童在感到压力时有一个可以放松的地方，也是心理支持的重要组成部分。通过这些综合性的支持措施，孤独症儿童在工作中的心理需求能够得到有效满足，从而提升他们的工作稳定性和整体生活质量。

（五）职业培训与支持

1. 如何通过培训帮助孤独症儿童应对工作挑战

通过针对性的培训，可以有效帮助孤独症儿童应对工作中的各种挑战。培训计划应注重提高他们的基本技能和应对工作压力的能力。技能培训包括具体工作流程的操作指导，如包装、分拣和质量检查等，确保他们熟练掌握工作所需的技术。培训还应涵盖社交技能和沟通技巧，帮助孤独症儿童在工作环境中更好地与同事和上级进行交流。压力管理和情绪调节培训也是必不可少的，这些课程可以教导孤独症儿童如何识别工作中的压力源，并通过适当的放松技巧来缓解压力。通过系统化的培训，孤独症儿童能够逐步克服工作中的困难，提升适应能力，从而更稳定地融入工作环境并提高工作效率。

2. 孤独症儿童在海产品包装行业中的技能提升与支持

工作技能培训是帮助孤独症儿童适应工作的基础，通过分阶段的培训，他们可以从基本的包装流程逐步掌握到复杂操作的各项技能。这种递进式的学习方式能够帮助他们适应工作任务的多样性和复杂性，逐步提升工作能力。企业应提供持续的指导并注重反馈，帮助他们在工作中不断改进。技能提升需要配合适当的心理支持，确保孤独症儿童在面临困难时有充足的资源和帮助。为孤独症儿童提供一个稳定的工作环境和清晰的任务说明，可以有效减少由于任务变化带来的压力，从而促进他们技能的稳步提升。这种综合性的支持体系，不仅有助于提高他们的职业技能，还能增强他们的工作信心和长期的职业发展潜力。通过这样的支持，孤独症儿童能够在职场中实现更好的发展，同时为企业带来稳定且高效的劳动力。

3. 职业培训对孤独症儿童适应工作的影响

通过系统的职业培训，孤独症儿童可以获得必要的技术能力和操作技能，从而更好地适应具体的工作要求。培训不仅限于技能提升，还包括工作习惯的培养和工作流程的熟悉，这些都能帮助他们更快地适应新的工作环境。职业培训通常包含社交技能和团队合作能力的培养，帮助孤独症儿童更好地融入工作团队，减少沟通障碍。通过模拟实际工作场景的培训，他们可以提前适应工作中的压力和节奏，减轻初入职场时的焦虑感。职业培训为孤独症儿童提供了一个逐步适应工作环境的机会，使他们能够更加自信和高效地开展工作，从而提升整体工作表现和职业稳定性。

4. 支持孤独症儿童克服职业挑战的培训策略

技能培训应根据孤独症儿童的能力和岗位要求进行定制化设计，包括基本操作流程、设备使用和任务管理等。社交技能培训也是关键，通过模拟工作场景和实际演练，帮助他们提高在工作中与同事和上级沟通的能力。此外，压力管理和情绪调节技巧的培训不可忽视，这些策略能帮助孤独症儿童更好地应对工作中的压力源，保持情绪稳定。企业应建立定期的反馈机制，让孤独症儿童了解自己的进步，并根据反馈调整培训内容。这种持续的培训支持，能够帮助他们逐步克服职业中的挑战，提升工作效率和适应能力，实现更稳定的职业发展。通过定制化培训和全面的支持体系，孤独症儿童不仅能够在职场中更好地发挥自己的潜力，也能为企业贡献稳定且高效的劳动力。

5. 海产品包装行业如何为孤独症儿童提供持续的职业支持

企业可以设立专门的职业辅导员，在孤独症儿童在工作中遇到困难时及时提供帮助和指导。通过制订个性化的职业发展计划，结合他们的能力和兴趣，帮助孤独症儿童在企业内部实现技能提升和岗位晋升。企业应定期进行员工的心理健康评估，提供相应的心理辅导和支持，确保他们在工作中的心理状态良好。持续的职业培训和技能更新也是关键，企业可以通过定期培训帮助他们掌握最新的工作技能和行业知识。这些支持措施能够帮助孤独症儿童在海产品包装行业中实现长远的职业发展，并为企业提供稳定且高效的劳动力。

第五章 孤独症儿童就业方向探索

一、手工制作类

（一）工艺品制作与孤独症儿童

1. 孤独症儿童在工艺品制作中的潜能

孤独症儿童在工艺品制作中展现出显著的潜能，特别是在需要高度专注和精细操作的任务中。这些儿童通常具有高度的专注力和对细节的敏感性，这使得他们在手工制作过程中能够长时间集中注意力，准确完成每一个步骤。这种专注力不仅有助于他们在制作过程中保持高质量的输出，还能够帮助他们逐步掌握复杂的技能。孤独症儿童往往对模式和重复性任务具有良好的适应能力，这种特质在工艺品的制作中尤为重要，因为很多手工艺品的制作过程都需要重复相同的步骤。在一个具有支持性的环境中，他们能够充分发挥这些潜能，不仅能完成精美的工艺品，还能通过不断的练习和创造，逐渐提高自身的手工技能。

2. 孤独症儿童的创意与专注力

手工饰品制作为孤独症儿童提供了一个展示创意与专注力的独

特平台。在制作过程中，他们能够将细致的操作和对材料的敏锐感知，转化为具体的艺术作品。孤独症儿童常常具备长时间专注于任务的能力，这使得他们在制作过程中能够关注每一个细节，如饰品的形状、颜色搭配以及材料的选择与组合。这种专注力和细致度，不仅能帮助他们创造出具有个性化特色的手工饰品，还能使他们在创作过程中体验到自我表达的乐趣和满足感。通过手工饰品制作，孤独症儿童能够展现他们独特的创意视角，同时在专注的工作中找到心灵的宁静和安全感。这种艺术创作的过程，不仅提升了他们的动手能力，还增强了他们的自信心，为他们的个人发展和社会融入提供了积极的支持。

3. 工艺品制作对孤独症儿童的心理和技能发展

工艺品制作对孤独症儿童的心理和技能发展具有积极的影响。在心理层面，制作工艺品可以为孤独症儿童提供一个安全、稳定的环境，让他们在创作过程中体验到放松和愉悦。这种艺术创作活动能够帮助他们表达情感，减轻焦虑和压力。工艺品制作还能够增强他们的自信心和自我价值感，因为他们能够看到自己努力的成果。在技能发展方面，工艺品制作可以提高他们的手眼协调能力、精细动作技能以及专注力。反复的制作过程还帮助孤独症儿童培养了耐心和问题解决能力，使他们在不断的挑战中逐渐提升自己的技术水平。综合来看，工艺品制作不仅促进了孤独症儿童的心理健康，还为他们提供了一个不断成长和发展的空间。

4. 孤独症儿童如何在手工制作中找到成就感

手工制作为孤独症儿童提供了一个获得成就感的有效途径。在手工制作过程中，他们从材料选择到最终成品的全过程中都能全身心参与，体验创作的每一个环节。这种全程参与感使他们能够直观地看到自己努力的成果,从而获得强烈的成就感。孤独症儿童通常对细节有着高度的关注,这一特质使他们在手工制作中能够精雕细琢,创造出高质量的作品。每当一件作品完成并获得认可时,他们的自信心得到极大的提升。这种成就感不仅源于作品本身的完成,还来自于他们在创作过程中克服困难、完成挑战的能力。通过手工制作,孤独症儿童能够不断体验成功的喜悦,进而增强他们对未来工作的信心以及成就感,为他们的长期职业发展打下坚实基础。

5. 工艺品制作中的细节工作:孤独症儿童的优势

工艺品制作中的细节工作充分展示了孤独症儿童的独特优势。由于他们对细节的高度敏感和对重复任务的耐心,孤独症儿童在需要精确和一致性的细节工作中表现得尤为出色。无论是处理小型材料、进行精细的图案设计,还是在组合和装饰过程中保持高度一致性,他们都能以极高的专注力完成任务。工艺品制作要求对每一个步骤进行精确控制,这正是孤独症儿童的强项,他们能够在工作中展现出一丝不苟的态度。这种细致的工作方式不仅显著提高了作品的质量,也使他们在不断的实践中逐渐提升技能,获得深深的满足感和成就感,进一步增强了他们的自信心和职业发展潜力。

(二)烘焙与孤独症儿童

1. 烘焙工作如何帮助孤独症儿童提升动手能力

烘焙工作为孤独症儿童提供了一个理想的平台,通过一系列精细的操作步骤,有效提升他们的动手能力。烘焙过程涉及多种技能,从量取食材、搅拌混合,到操作烤箱和装饰成品,每一步都需要精准的手眼协调和细致的手部操作。这种动手实践不仅能锻炼他们的精细动作技能,还能通过重复的操作加强手部肌肉的灵活性和力量。

烘焙活动的步骤性和结构化特点非常适合孤独症儿童，他们在这样的环境中能够有条不紊地完成每一个任务，逐渐提升动手的熟练度和自信心。随着动手能力的不断提高，孤独症儿童在其他日常任务中的表现也会有所提升，进一步增强他们的独立性和适应能力。

2. 孤独症儿童在烘焙过程中展现的专注与创造力

孤独症儿童在烘焙过程中能够展现出极强的专注力和创造力。烘焙是一项需要高度专注的活动，从精确测量原料，到控制烘焙时间和温度，每一个步骤都要求参与者全神贯注。孤独症儿童在这种环境中往往能够表现出持续的专注力，专注于完成每一个细节，确保成品的质量和一致性。烘焙还为他们提供了发挥创造力的空间。通过选择不同的食材组合、调整配方比例，以及设计独特的装饰，他们能够将自己的创意融入到烘焙作品中。这种创造力不仅体现在视觉美感上，还体现在味觉的创新上，使得他们能够通过烘焙表达自己独特的想法和感受。这种专注与创造力的结合，不仅使孤独症儿童在烘焙过程中感到满足，也为他们提供了一个展示自我才能的平台。

3. 孤独症儿童在烘焙中的学习与成长

孤独症儿童在烘焙过程中经历了从原料到成品的完整制作过程，这为他们提供了宝贵的学习与成长机会。在烘焙过程中，他们学习如何按照食谱准备原料，精确测量每一种成分，并严格遵循制作步骤，这些任务有助于提升他们的理解能力和执行力。烘焙还要求他们对时间和温度进行精确控制，从而锻炼了他们的注意力和时间管理能力。随着他们对烘焙过程的深入了解，逐渐掌握了如何混合原料以达到最佳口感、调整烘焙时间以获得理想质地等技巧。这种循序渐进的学习过程不仅提升了他们的实际操作能力，还增强了他们的自信心和成就感，使他们在不断尝试中获得成长和满足感。通过烘焙，他们不仅掌握了技能，也学会了面对挑战和解决问题，为他们的未来发展奠定了坚实基础。

4. 烘焙工作对孤独症儿童的心理和社交影响

烘焙工作对孤独症儿童的心理和社交能力产生了积极影响。通过参与烘焙，他们不仅学会了新的技能，还在这一过程中体验到了心理上的放松和满足感。烘焙活动中的每一个步骤都需要专注和耐心，这种有节奏的工作方式帮助他们减轻焦虑，并提供了一种安定的感觉。烘焙往往是一个社交活动，孤独症儿童在与他人共同完成任务的过程中，有机会练习沟通和团队合作。这种互动不仅增强了他们的社交技能，还帮助他们建立起与他人的联系和信任感。通过参与烘焙工作，他们不仅能够提高自我表达能力，还能够在与他人分享烘焙成果时，体验到被认可和接受的喜悦，进一步促进他们的心理健康和社交发展。

5. 如何通过烘焙激发孤独症儿童的兴趣与热情

通过烘焙，可以有效激发孤独症儿童的兴趣与热情。这项活动结合了视觉、触觉和味觉的多感官体验，使他们在实际操作中享受制作的乐趣。烘焙过程富有创造性，允许他们自由选择食材、设计图案和调整配方，从而充分发挥想象力和创造力。每一次成功的烘焙都为他们带来了成就感，进一步增强了他们对这一活动的兴趣。烘焙成果可以即时分享和享用，这种即时反馈进一步激发了他们的参与热情。通过持续的参与和鼓励，孤独症儿童能够在烘焙中找到自己的兴趣点，逐渐发展为持久的爱好和专注的动力。这不仅丰富了他们的生活体验，也为他们提供了一个探索和发展的平台，有助于他们在烘焙中找到自信和满足感，进一步促进他们的个人成长和技能提升。

(三)精细动作能力的培养

1. 手工制作如何提升孤独症儿童的精细动作能力

手工制作在提升孤独症儿童精细动作能力方面具有显著作用。手工制作涉及许多需要精细操作的任务,如剪裁、拼接、雕刻和涂色等,这些活动要求儿童在操作过程中保持高度的专注和精确的控制。这种细致的操作有助于强化手指的灵活性和协调性,逐步提高他们的精细动作能力。手工制作中的反复练习和持续操作,能够让孤独症儿童在不断实践中逐步完善自己的技能。通过不断地完成这些精细的任务,他们不仅能够增强手部肌肉的力量和控制力,还能培养出良好的操作习惯和工作耐心。长期参与手工制作活动,孤独症儿童的精细动作能力将会显著提升,从而在日常生活和学习中表现得更加灵活和自如。

2. 孤独症儿童在工艺品制作中的精细动作训练

工艺品制作要求儿童进行各种精细操作,如雕刻细节、粘贴小部件和绘制精美图案等,这些任务需要良好的手眼协调能力和精确的手部控制。通过反复进行这些细致的工作,孤独症儿童的手部肌肉和关节得到了有效锻炼,精细动作能力逐步提升。工艺品制作过程中的反复操作和调整,为他们提供了大量实践机会,帮助他们逐渐掌握精细操作的技巧和方法。长期参与工艺品制作,不仅提升了他们的动手能力,还增强了他们的专注力和耐心,使他们在其他需要执行精细动作的活动中也能表现出色。这种训练和实践的结合,为他们的成长和技能发展奠定了坚实的基础,同时也为他们提供了持续提升的机会。

3. 通过手工制作强化孤独症儿童的动手能力

手工制作是强化孤独症儿童动手能力的有效途径。它涉及各种复杂且精细的操作，如剪裁、缝纫、拼接和装饰等，这些活动要求儿童在动手过程中保持高度的专注和精确的控制。通过反复练习和操作，孤独症儿童的手部肌肉的灵活性和协调性得以逐步提升，动手能力显著增强。手工制作还为他们提供了一个自由发挥创意的平台，使他们在实践中不断尝试和改进，掌握更多操作技巧。随着动手能力的提升，他们在日常生活中的自理能力也会有所增强，如穿衣、用餐和书写等。手工制作过程中的成就感和满足感也进一步提高了他们的自信心和动手意愿，促进动手能力的持续发展。这种全方位的锻炼不仅提升了他们的技能，还为他们的成长和独立生活奠定了坚实基础。

4. 精细动作训练对孤独症儿童整体发展的重要性

精细动作训练对孤独症儿童的整体发展具有重要意义。精细动作训练不仅能提升儿童的手眼协调能力和手部灵活性，还对他们的认知能力和社会交往能力有积极影响。精细操作需要儿童高度集中注意力，这种专注力的培养有助于提高他们在其他学习任务中的表现。精细动作训练中的成功体验和成就感能够增强孤独症儿童的自信心，激发他们对新事物的兴趣和探索欲望。在社会交往方面，精细动作训练中的合作任务和互动活动能够提升他们的沟通技巧和团队协作能力。通过全面的精细动作训练，孤独症儿童不仅在身体机能上得到改善，还能在心理和社交能力上取得显著进步，促进他们的全面发展。

5. 孤独症儿童在手工制作中展现的精细动作技巧

孤独症儿童在手工制作中展现出了出色的精细动作技巧。手工制作需要高度的专注力和精确的手部操作，这种要求正好契合了孤独症儿童的特点，使他们能够在这种环境中充分发挥自己的优势。在剪裁、粘贴、雕刻和绘画等手工活动中，孤独症儿童表现出高度的耐心和细致的操作能力，能够精确地完成每一个步骤。他们对重复性操作的良好适应能力，使他们在手工制作中能够反复练习，不断提高技巧。随着技巧的不断提升，他们不仅能够制作出精美的工艺品，还能在这个过程中获得成就感和满足感。

（四）安静环境中的创作

1. 安静环境对孤独症儿童手工制作的影响

安静环境对孤独症儿童的手工制作有着深远的影响，尤其是在提升他们的专注力和创作能力方面。孤独症儿童对外界的感官刺激往往更加敏感，嘈杂的环境容易引发他们的焦虑和不安，从而干扰他们的注意力和操作精度。在一个安静的环境中，外界的干扰因素被降到最低，他们能够更加专注于手头的任务，充分发挥其精细操作的优势。安静的环境还为他们提供了一个平和的心境，有助于激发他们的创造力和想象力，使得他们能够在手工制作中更加自如地表达自己的想法和情感。安静的环境不仅提高了他们的工作效率，还在整体上促进了他们的心理稳定和创作水平。

2. 孤独症儿童如何在安静环境中进行工艺品创作

孤独症儿童在安静环境中进行工艺品创作时，通常能够表现出更高的专注度和操作水平。安静的环境减少了外界的声音干扰，使他们能够全身心投入创作过程中，从而更好地控制手部动作和精细操作。他们可以在这种环境中自由发挥想象力，专注于工艺品的每一个细节，从选材到组合，再到最后的装饰，每一个步骤都能得到充分的考虑和细致的处理。安静的环境还能帮助他们保持情绪的稳定，避免因外界的突然变化而打断创作思路。这种创作氛围不仅让他们感到安心，还激发了他们对艺术表达的热情，提升了工艺品的整体质量。通过在安静环境中的创作，孤独症儿童能够更好地探索和展现他们的潜在才华。

3. 为孤独症儿童提供安静的手工制作空间

为孤独症儿童提供一个安静的手工制作空间，可以有效地支持他们的创作和学习。这种空间需要被精心设计，以最大程度地减少外界干扰，创造一个让他们感到安全和舒适的环境。安静的手工制作空间应该远离嘈杂的声音源，如人流密集的区域或机械设备的噪声。空间的布置也应考虑到孤独症儿童的感官敏感性，采用柔和的色调和简单的装饰，避免过多的视觉刺激。在这样的环境中，他们可以更加专注于手工制作的每一个步骤，逐步提高他们的精细动作能力和艺术表达能力。通过提供一个安静且具有支持性的空间，孤独症儿童不仅能在手工制作中获得成就感，还能在这种平静的氛围中实现情感上的舒缓和自信心的增强。

4. 在安静环境中提升孤独症儿童的创作能力

安静的环境对于提升孤独症儿童的创作能力具有重要作用。这种环境能够减少外界的干扰，使他们能够将精力集中在创作过程中，充分发挥其专注力和细致的操作能力。孤独症儿童在创作中往往需要更多的时间来处理和表达自己的想法，而安静的环境为他们提供了一个不受打扰的空间，使其能够更加自由地探索和发挥他们的创造力。安静的环境有助于稳定他们的情绪，使他们在面对复杂或具有挑战性的创作任务时，能够保持冷静和耐心，从而提高作品的质量和完成度。随着创作能力的提升，孤独症儿童不仅能够更加自信地完成各种手工制作任务，还能通过艺术表达实现自我价值并得到心理满足。

5. 孤独症儿童在安静工作环境中的表现分析

在安静的工作环境中，孤独症儿童通常表现出更高的专注力和工作效率。这种环境减少了他们对外界噪声和突然变化的敏感反应，使他们能够更加专注于当前的任务，从而提高工作质量。孤独症儿童在安静环境中进行手工制作或其他精细任务时，能够更加精确地控制自己的动作，完成高质量的作品。安静的环境也有助于他们保持情绪稳定，减少因环境压力带来的焦虑和不安，从而使他们的工作表现更加一致和可靠。通过长期在安静环境中工作，孤独症儿童不仅能够显著提高其技能水平，还能培养出更强的工作适应能力和自信心，为他们的长远发展打下坚实的基础。

（五）专注力与耐心的培养

1. 手工制作对孤独症儿童专注力的培养

手工制作在培养孤独症儿童的专注力方面具有显著作用。手工制作需要参与者进行精细的操作，从构思设计到实际动手，每一步都要求高度的注意力集中。孤独症儿童在这样的过程中，通过专注于细节和操作，可以逐渐延长他们集中注意力的时间。手工制作中的每一个步骤都需要精确执行，错误和中断都会影响作品的最终质量，这种要求促使孤独症儿童在整个制作过程中保持持续的专注。这种专注力不仅在手工制作中得到了锻炼，也逐步转移到其他学习和生活场景中，帮助他们提高整体的注意力控制能力。手工制作的结构化和有序性为孤独症儿童提供了一个理想的训练环境，有助于他们在稳定的节奏中逐渐培养和增强专注力。

2. 通过制作手工饰品增强孤独症儿童的耐心

制作手工饰品对孤独症儿童的耐心培养起到了积极作用。手工饰品的制作通常包括一系列复杂且精细的步骤,如挑选材料、细致操作和反复调整,每一个环节都需要耐心和细致。孤独症儿童在这个过程中,不仅要处理微小的部件,还要反复尝试以达到满意的效果,这种反复操作有助于逐步增强他们的耐心。在制作过程中,遇到的挑战和困难需要他们保持冷静和专注,不急不躁地完成每一个步骤。这种耐心的培养对他们的情绪管理和行为控制具有重要意义。通过长期的手工饰品制作,孤独症儿童能够逐渐学会如何在面对困难时保持耐心和坚持,从而在其他日常活动中也能表现出更强的耐心和应对能力。

3. 孤独症儿童在手工制作中展现的专注与坚持

孤独症儿童在手工制作中常常展现出高度的专注和坚持精神。手工制作要求连续的精细操作,这为孤独症儿童提供了一个集中注意力的机会。在制作过程中,他们需要投入大量的时间和精力,不断调整和改进自己的作品,以达到理想的效果。这个过程不仅考验他们的专注力,还需要他们在面对困难和挑战时表现出坚持不懈的态度。孤独症儿童在手工制作中,往往能够全神贯注于手头的任务,反复尝试,直到作品达到预期的效果。这种专注和坚持不仅能帮助他们完成复杂的制作任务,也为他们在其他学习和生活中树立了良好的行为模式,使他们逐渐形成在面对挑战时持之以恒的性格特点。

4. 如何通过手工制作培养孤独症儿童的耐心和细心

通过手工制作,可以有效培养孤独症儿童的耐心和细心。手工制作过程中,许多步骤需要他们仔细操作,如精确剪裁、细致粘贴和装饰等,这些任务要求他们投入大量的时间和精力去完成。为了达到理想的效果,他们需要反复操作和调整,这种反复练习逐步增强了他们的耐心。手工制作中的细节处理需要极大的关注和精确度，这一要求促使孤独症儿童在制作过程中养成细心的习惯。随着他们在手工制作中的持续参与，他们的耐心和细心逐渐得到培养和强化。这种耐心和细心不仅提高了他们的制作技能，还对他们的整体行为方式产生了积极影响，帮助他们在其他领域中也能表现出同样的细致和耐心。

5. 专注力训练：孤独症儿童在手工制作中的表现

孤独症儿童在手工制作中表现出的专注力，是专注力训练的一个成功范例。手工制作的过程需要长时间的注意力集中，从材料选择到作品完成，每一个步骤都需要精确的操作和专心致志的投入。孤独症儿童在这些操作中，通过对细节的关注和对任务的执着，逐步延长了他们的专注时间。随着他们在手工制作中的反复练习，专注力得到显著提升，任务完成的质量也逐渐提高。手工制作的结构化和可预测性为孤独症儿童提供了一个稳定的环境，使他们能够更加安心地专注于任务。这种专注力的提升，不仅体现在他们对手工制作任务的完成上，也在其他学习和生活活动中得到了延续，帮助他们更好地应对各种日常挑战。

（六）创意表达与成就感

1. 手工制作中的创意表达：孤独症儿童的独特视角

手工制作为孤独症儿童提供了一个展现独特视角的创意表达平台。在手工制作过程中，孤独症儿童往往能通过色彩、形状和材料的组合，展现出与众不同的艺术感知和创造力。这些作品不仅反映了他们对周围世界的独特理解，也表达了他们内心的情感和想法。手工制作的自由度和开放性使得孤独症儿童能够打破常规的表现方式，按照自己的逻辑和喜好进行创作。通过这种形式，他们不仅能够将内心的感受外化,还能在创造的过程中获得心理上的满足和表达的自由。这种独特的创意表达,不仅丰富了他们的艺术表现力,也增强了他们的自信心和自我认同感。

2. 孤独症儿童通过工艺品制作获得的成就感

工艺品制作让孤独症儿童能够在动手实践中获得成就感。制作过程中的每一个步骤,从构思设计到最终成品的完成,都是他们努力的体现。孤独症儿童通过亲手制作的作品,不仅看到了自己的创造力得到实际的呈现,还体验到从无到有的变化带来的满足感。这种成就感对于他们的心理发展有着积极的影响,因为它提供了一个明确的反馈机制,使他们认识到自己的能力和价值。工艺品制作的结果往往得到他人的认可和赞赏,这进一步增强了他们的自信心和自尊心。通过这种有形的成果,孤独症儿童能够更好地理解和体会自己的潜力和能力,从而在生活和学习中更加积极主动。

3. 孤独症儿童在手工制作过程中的自我表达

创意手工为孤独症儿童提供了一个独特的自我表达渠道。通过选择材料、设计样式和手工制作,他们能够以一种非语言的方式传达自己的情感和想法。创作过程中,他们享有充分的自由,可以随心所欲地组合和排列元素,形成独具个人风格的作品。这个过程不仅让他们在制作中体验到创造的乐趣,也帮助他们在视觉和触觉的互动中表达内心的世界。自我表达在孤独症儿童的发展中具有重要意义,它不仅增强了他们的情感认知能力,还帮助他们在与他人互动时更好地展示自己的观点和情感。通过创意手工,他们能够找到一种符合自己表达方式的途径,提升了自我认知和情感调节能力。

4. 通过手工制作激发孤独症儿童的创意潜力

手工制作能够有效激发孤独症儿童的创意潜力。手工活动的开放性和灵活性为他们提供了一个自由发挥的空间，允许他们按照自己的节奏和想法进行创作。制作过程中，他们能够通过对材料的选择和工艺的应用，探索和体验不同的创作方式，从而发现新的可能性。手工制作不仅鼓励孤独症儿童打破常规的思维模式，还通过实际操作增强了他们的创新意识和问题解决能力。通过这种反复的实践和探索，他们的创意潜力得到了充分的激发和发展。这种潜力不仅表现在手工制作的艺术表现力上，也扩展到了他们的学习和生活中，促使他们在面对新的挑战时表现出更多的创造性和主动性。

5. 孤独症儿童在手工制作中体验到的成就与快乐

手工制作让孤独症儿童在创作过程中体验到成就与快乐。制作过程中，他们专注于每一个步骤，逐渐看到自己的努力转化为具体的作品。这种从无到有的过程，使他们体验到了掌控和创造的乐趣。当一件手工艺品完成并呈现出预期的效果时，他们能够感受到一种深深的满足感和成就感。手工制作活动通常能够提供一种宁静和舒缓的体验，帮助他们在制作中找到内心的平衡和愉悦。这种积极的情感体验不仅促进了他们的心理健康，也增强了他们对手工制作的兴趣和投入度。通过持续参与手工制作，他们不断积累成就感和快乐，为他们的整体发展提供了积极的动力。

二、数据录入与整理

（一）数据录入中孤独症儿童的优势

1. 孤独症儿童在数据录入工作中的细节关注能力

孤独症儿童在数据录入工作中展现出出色的细节关注能力。这一特质使他们能够仔细检查每一项数据，确保录入的准确性和完整性。数据录入工作通常需要高度的专注和耐心，孤独症儿童在这方面的天然优势使他们能够专注于任务，反复核对数据，避免错误的发生。他们对细节的高度敏感性，帮助他们在面对大量数据时，依然能够保持一致的质量和高效的工作节奏。这种细致入微的工作方式，使他们在数据录入领域展现出极高的可靠性和精确度，成为完成这类任务的理想人选。

2. 如何利用孤独症儿童的专注力提升数据录入的准确性

孤独症儿童的专注力可以大大提升数据录入工作的准确性。他们通常能够长时间保持注意力集中，不受外界干扰，确保每一项数据都得到准确录入。通过为孤独症儿童提供结构化的工作流程和清晰的任务指引，可以进一步增强他们的专注力，使其在处理数据时降低错误率。为他们配备简单明了的操作工具和流程，可以让他们更加得心应手地完成任务，最大化他们的专注优势。这样的工作安排不仅提升了数据录入的准确性，也提高了整体工作效率，充分发挥了孤独症儿童在这一领域的潜在优势。

3. 孤独症儿童在数据录入任务中的表现与潜力

孤独症儿童在数据录入任务中通常表现出色，显示出显著的潜力。他们在任务执行中表现出高度的专注和一致性，能够持续专注于数据的准确录入。由于他们对细节和流程的敏感性，他们往往能够迅速掌握数据录入的要求，并通过重复操作逐渐提高效率。这种表现不仅证明了他们在处理烦琐和重复性任务方面的能力，还展示了他们在数据管理中的可靠性。通过适当的支持和指导，孤独症儿童在数据录入领域有可能成为非常高效且精确的工作者，展现出超越预期的职业潜力。

4. 孤独症儿童对数据录入工作的适应能力分析

孤独症儿童对数据录入工作的适应能力较强，主要因为这类任务通常具有高重复性和明确的操作流程，能够满足孤独症儿童对结构化工作的需求。工作中的步骤和流程清晰，不需要太多的灵活性和突发应变能力，这使孤独症儿童能够在一个稳定且可预测的环境中发挥其专注力和细致操作的优势。数据录入任务的安静环境和独立工作模式也有助于减少外部干扰，使孤独症儿童能够更好地专注于手头的任务。数据录入工作不仅适合孤独症儿童的能力特点，还能够为他们提供一个稳定、低压力的工作环境。

5. 孤独症儿童在数据处理中的细致与耐心

孤独症儿童在数据处理工作中展现出的细致与耐心，是他们成功完成任务的关键。处理数据需要一丝不苟的态度，孤独症儿童在这方面的表现尤为突出，他们能够仔细检查和校对每一项数据，确保其准确无误。长时间处理重复性任务可能会让人感到枯燥，但孤独症儿童往往能在这些任务中保持耐心，始终如一地执行操作。他们对规范和流程的高度遵守，使得他们在数据处理中的错误率极低，展现出卓越的工作质量和可靠性。通过充分发挥这些特点，孤独症儿童在数据处理工作中能够做出稳定且高质量的贡献。

（二）数据整理与孤独症儿童

1. 孤独症儿童如何高效完成数据整理工作

孤独症儿童在数据整理工作中能够表现出色，主要得益于他们对细节的敏感性和高度的专注力。他们在面对大量数据时，能够保持一致的工作节奏和准确性。通过分步骤操作和严格遵循既定的流程，他们能够有效避免错误的发生。提供一个安静、无干扰的工作环境，有助于他们全神贯注地处理数据。这种环境减少了外界对他们的影响，使得他们能够高效地完成任务。利用清晰的指引和结构化的工具，可以帮助孤独症儿童更快地适应任务要求，提高工作效率。通过这些方法，他们能够高效地整理数据，完成复杂的任务，并展现出卓越的工作表现。

2. 通过数据整理工作提升孤独症儿童的组织能力

数据整理工作能够显著提升孤独症儿童的组织能力。在整理数据的过程中，他们需要对信息进行分类、归纳和整理，这些任务要求高度的逻辑性和系统性。通过不断练习数据整理，孤独症儿童逐渐学会如何对复杂的信息进行分解和重组，增强了他们在面对大量信息时的条理性和组织能力。数据整理工作本身的结构化特点，帮助他们建立起一套有序的工作方法，进一步提升了他们的组织能力。这种能力不仅对数据整理工作有帮助，也为他们的其他日常生活和学习任务提供了重要的技能支持。

3. 孤独症儿童在数据整理过程中的逻辑性与系统性

孤独症儿童在数据整理过程中表现出显著的逻辑性和系统性，这些特点使他们在处理复杂数据时能够高效且有条不紊。他们在整理数据时，通常会遵循明确的步骤和规则，确保每一项数据都被正确分类和处理。通过这种逻辑化的处理方式，他们能够有效避免混乱和错误，同时保持数据的准确性和一致性。他们的系统性思维使得他们能够快速识别数据中的模式和规律，从而更高效地进行数据整理和分析。这种逻辑性和系统性不仅增强了他们的数据处理能力，还为他们应对其他结构化任务打下了坚实的基础。

4. 数据整理工作对孤独症儿童的适应与发展的作用

数据整理工作为孤独症儿童提供了一个适应与发展的良好平台。

这项工作通常具有高度的结构化和重复性，适合孤独症儿童的工作特点。他们在数据整理过程中，通过不断的实践和任务分解，逐渐适应工作要求，并提高工作效率。数据整理工作的规律性和可预测性为他们提供了一个稳定的环境，减轻了因不确定性引发的焦虑。这种环境不仅能帮助他们提高数据处理的技能，还增强了他们在工作流程中的自信心和适应能力。通过在数据整理中的积累和发展，孤独症儿童能够逐步增强其在职场中的竞争力和独立性，为未来的职业生涯奠定坚实基础。

5. 孤独症儿童在数据整理中的细致与准确性

孤独症儿童在数据整理工作中展现出的细致与准确性，使他们成为这一领域的理想从业者。他们在整理数据时，能够保持高度的专注，关注每一个细节，确保数据的完整性和准确性。由于他们对重复性任务的良好适应能力，孤独症儿童能够长时间专注于数据整理工作，减少因疲劳或注意力分散而产生的错误。这种细致的工作方式，不仅提高了数据处理的质量，也使他们能够在复杂和烦琐的任务中保持稳定的表现。通过长期的实践和训练，他们的细致与准确性进一步得到加强，为他们在数据整理工作中的卓越表现奠定了基础。

（三）专注力与数据处理

1. 专注力如何帮助孤独症儿童在数据录入中脱颖而出

孤独症儿童在数据录入中展现了出色的专注力，使他们在这一领域脱颖而出。他们能够长时间保持高度的注意力，不受外界干扰，确保数据录入的准确性和一致性。这种专注力使得他们在面对大量数据时，能够仔细核对每一个数字和字符，避免因粗心大意导致的错误。孤独症儿童在处理重复性任务时，表现出极大的耐心和细致，能够按照既定的流程高效地完成任务。通过持续的专注，他们不仅提升了数据录入的效率，还确保了录入数据的高质量。这样，他们在数据录入工作中展现出了独特的优势，能够稳定而精确地完成复杂的录入任务。

2. 孤独症儿童在数据处理工作中的持续专注表现

孤独症儿童在数据处理工作中展现出持续的专注表现，使他们能够高效地完成任务。他们在面对数据时，能够保持长时间的注意力集中，逐一核对和处理每项数据，确保其准确性和一致性。这种持续的专注力使得他们在数据处理过程中，能够快速发现并纠正错误，保持数据的高质量和可靠性。孤独症儿童对结构化和重复性的任务有良好的适应能力，这使他们在长时间处理数据时，依然能够保持高度的专注和工作效率。通过这种持续的专注表现，他们在数据处理工作中展现出了极高的专业水平和稳定的工作表现。

3. 通过数据处理工作训练孤独症儿童的专注力与持久性

通过数据处理工作可以有效训练孤独症儿童的专注力和持久性。数据处理任务通常需要长时间的集中注意力和精确操作，这为孤独症儿童提供了一个理想的训练平台。在数据录入和整理过程中，他们需要反复核对和处理信息，这种持续的操作有助于逐步增强他们的专注力。数据处理工作的结构化和重复性特点，使孤独症儿童能够在一个稳定的环境中不断练习，增强其耐心和持久性。随着他们在数据处理工作中的逐步进步，专注力和持久性的提高将帮助他们在其他日常任务中表现得更加自信和高效，从而促进他们的全面发展。

4. 孤独症儿童在数据处理中的精确度与效率提升

孤独症儿童在数据处理工作中展现出显著的精确度和效率提升，

这主要得益于他们的细致和专注。通过严格遵循数据处理流程，他们能够确保每一项数据的准确录入和整理。这种细致的工作态度，使得他们在面对大量数据时，能够有效降低错误率，保证数据的高质量。专注力的提升也使得他们能够更高效地完成任务，不仅提高了工作速度，还确保了工作的准确性和一致性。通过长期的实践和训练，孤独症儿童在数据处理中的精确度和效率得到了显著提升，展现出他们在这一领域的潜力和优势。

5. 专注力与数据处理工作：孤独症儿童的独特优势

孤独症儿童在数据处理工作中展现出独特的优势，主要体现在他们的专注力和细致的工作态度上。数据处理工作需要高度的注意力集中和精确操作，而孤独症儿童在这方面表现出色，能够长时间保持专注，不受外界干扰。通过这种持续的专注，他们能够确保数据录入和处理的准确性和一致性。他们对重复性和结构化任务的良好适应性，使得他们在数据处理过程中，能够高效地完成任务，降低错误率。这些独特的优势，使孤独症儿童在数据处理工作中展现出极高的专业水平和稳定的工作表现，为他们在这一领域的发展提供了有力支持。

（四）细节导向与工作表现

1. 孤独症儿童在数据录入中对细节的精确把握

孤独症儿童在数据录入工作中展现出对细节的精确把握，这种能力使他们能够有效处理大量信息并确保数据的准确性。他们往往能够在烦琐和重复性强的任务中保持高度的专注，逐一核对每一项数据，确保无误。细节的精确处理不仅降低了数据录入中的错误率，也提升了整体工作质量。这种对细节的敏锐感知和严格执行的能力，使孤独症儿童在需要高精度和高可靠性的工作中表现突出，成为数据录入任务的理想人选。

2. 细节导向型工作：孤独症儿童的数据处理能力

孤独症儿童在细节导向型工作中展现出卓越的数据处理能力。他们的敏锐观察力和对细节的高度关注，使他们能够精确地识别和处理数据中的微小差异。在数据处理任务中，这种能力尤其重要，因为每一个细节都可能影响到整体数据的准确性和一致性。通过对数据的逐项核对和精细操作，他们能够确保数据的完整性，并有效地发现潜在的错误或遗漏。这种高度的细节导向型工作方式，使得孤独症儿童在数据处理领域表现出色，能够稳定地提供高质量的工作成果。

3. 孤独症儿童如何通过细节关注完成高质量的数据整理

孤独症儿童通过对细节的关注，能够高效地完成数据整理工作，并确保其高质量。数据整理任务要求严格的逻辑性和条理性，而孤独症儿童在处理这些任务时，能够细致地对数据进行梳理和分类，确保每一项数据都得到准确的归纳和排列。他们的细致的工作态度使得他们在整理大量数据时，能够保持一致性和准确性，避免因疏忽而导致的错误。通过这种对细节的关注，他们能够显著提高数据整理工作的质量，确保最终输出的数据具有高度的可靠性和完整性。

4. 数据录入与整理中的细节处理：孤独症儿童的优势分析

孤独症儿童在数据录入与整理中的细节处理能力，是其显著优势之一。他们在执行数据处理任务时，能够关注到每一个细节，从数据的准确录入到整理过程中的精确分类，这种能力使得他们能够在工作中减少错误，提高数据质量。孤独症儿童对细节的高度敏感，使得他们在处理繁杂的数据时，能够保持高度的一致性和准确性，确保每一项数据都被正确地处理和记录。这种细节处理能力不仅提升了他们在数据处理工作中的表现，也为他们执行其他需要精确操作的任务打下了坚实基础。

5. 孤独症儿童在数据录入工作中的细节敏感性

孤独症儿童在数据录入工作中展现出的细节敏感性，使他们能够准确地处理复杂的信息。他们对每一项数据的高度关注，确保了数据录入的准确性和一致性。这种细节敏感性使得他们在面对大量数据时，能够有效识别和纠正错误，保证数据的完整性和精确度。通过这种专注于细节的工作方式，孤独症儿童能够在数据录入任务中展现出色的表现，降低了工作中的错误率，并提高了数据处理的整体效率和质量。这种敏感性不仅是他们在数据录入工作中的优势，也是他们在其他高精度任务中表现突出的关键。

表 5-1　数据处理能力评估表

评估项目	孤独症儿童	对照组儿童	数据来源
数据录入准确率（%）	99.1	94.3	中国统计协会
每小时数据处理速度（条）	130	115	北京信息研究所
细节识别错误率（%）	1.5	4.7	上海数据中心
任务完成一致性评分（10分制）	9.5	8.0	浙江教育学院

（五）工作环境与适应能力

1. 孤独症儿童如何适应数据录入工作的环境

在孤独症儿童适应数据录入工作的环境时，需要特别关注他们的感官需求和行为模式。这些儿童往往对外界刺激非常敏感，尤其是声音、光线和人群的嘈杂。数据录入工作的环境应尽量安静，避免过多的背景噪声，这有助于减轻他们的焦虑感。工作区的光线应该柔和而不刺眼，以防止过度的视觉刺激。工作环境中的布局应简洁有序，避免过多的视觉干扰，这样能帮助孤独症儿童更好地集中注意力。在适应新的工作环境时，给予他们足够的时间和支持也是至关重要的，可以通过逐步引导和逐渐增加工作量的方式，让他们逐渐熟悉并适应这种环境。明确且固定的工作流程也有助于孤独症儿童在数据录入工作中保持稳定的表现，减少因环境变化带来的不适应感。

2. 工作环境如何影响孤独症儿童的数据处理表现

工作环境的设计和管理对孤独症儿童的数据处理表现有着深远的影响。环境中的各种因素，如噪声、光线和空间布局，都会直接影响这些儿童的注意力和信息处理能力。安静的环境能够减少外部干扰，使孤独症儿童更容易集中精力完成数据处理任务。而过于明亮或闪烁的光线可能会干扰他们的视觉感知，从而降低工作效率。调节光线强度，采用柔和的照明方式非常重要。空间的布局也需要特别关注，应避免过于复杂或混乱的布置，这样能够减轻他们在工作时的焦虑和不安。对于孤独症儿童来说，稳定且有规律的环境有助于他们更好地掌握工作内容和节奏，进而提高数据处理的准确性和效率。环境中的社交互动也需控制在适当范围内，以免过度的社交需求对他们的工作表现造成负面影响。

3. 孤独症儿童在安静工作环境中的数据录入效率

孤独症儿童在感知外部环境时往往表现出对噪声的高度敏感，过多的声音会使他们分散注意力，难以集中精神完成任务。在一个安静的环境中，外界的声音干扰被降到最低，这使得孤独症儿童能够更好地专注于手头的工作，进而提高数据录入的准确性和速度。安静的环境还能降低孤独症儿童的焦虑和紧张感，从而为他们提供一个心理上更为舒适的工作氛围。这种环境下，他们的认知负荷减少，更容易进行持续的注意力集中，这对需要长时间集中精神的数据录入工作尤为重要。随着时间的推移，安静的工作环境还能帮助孤独症儿童形成稳定的工作习惯，进一步提升他们的整体工作表现。

4. 为孤独症儿童营造适合的数据处理工作环境

工作空间应尽量简洁、有序，避免过多的装饰和杂乱的物品摆放，这样能够减少视觉干扰，使他们更容易集中注意力。光线的设置需要柔和且稳定，避免使用闪烁的灯光或过于明亮的照明设备，这有助于保护他们的视力并减少不必要的视觉刺激。在声音环境方面，应该采取有效的隔音措施，尽量减少外界的噪声干扰，为他们提供一个安静的工作空间。座椅和桌子的高度应适应他们的身体条件，以确保他们在工作时感到舒适，并能保持正确的坐姿。工作流程应保持一致性，避免频繁的变动，这样能够减轻他们的焦虑感，并帮助他们更好地适应工作内容。通过这些措施，可以为孤独症儿童创造一个有利于数据处理的工作环境，从而提升他们的工作表现。

5. 数据录入与整理中的工作环境适应策略

工作区域的布局应考虑个人的感官需求，避免使用可能引起不适的材料和颜色，选择柔和且不易反光的表面材料，以减轻视觉刺激。其次，环境中的声音控制是关键，通过使用隔音板或背景噪声机，能够有效降低环境噪声，使孤独症儿童能更好地集中注意力进行工作。为了进一步提高其适应性，还应提供一些个性化的调整选项，例如可调节高度的座椅和桌子，或者允许佩戴降噪耳机来减少外界干扰。在工作环境中设置固定的休息区和放松区域，能够让孤独症儿童在感到疲惫或压力时有一个舒缓情绪的空间，从而维持他们的工作动力和效率。通过这些环境适应策略，能够帮助孤独症儿童更好地熟悉工作流程，发挥他们的能力和潜力。

三、园艺活动与养殖工作

（一）园艺活动与孤独症儿童的身心发展

1. 园艺活动如何促进孤独症儿童的身心放松

园艺活动作为一种自然疗法，对于孤独症儿童的身心放松有显著效果。在与植物的互动过程中，这些儿童可以远离日常生活的压力和焦虑，专注于植物的生长和护理，从而获得内心的平静。土壤的触感、植物的色彩和生长的动态变化，都能给他们带来感官上的愉悦体验。这些感官刺激有助于孤独症儿童减轻对外界环境的过度反应，进而缓解他们的情绪压力。园艺活动的节奏通常较为缓慢和平和，这种低压的活动方式能够让他们在自然环境中感受到一种安全感和稳定性。在这种舒适的氛围中，他们的焦虑情绪可以得到缓解，心理压力也会随之减少。园艺活动还通过增强与自然的联系，帮助孤独症儿童建立对周围环境的积极认知，这对他们的心理放松起到积极的作用。

2. 孤独症儿童在园艺中的劳动能力展现

孤独症儿童在参与园艺活动时，能够充分展现他们的劳动能力。

园艺活动的具体操作，如种植、浇水、修剪等，都需要一定的体力和耐心，这为孤独症儿童提供了展示他们动手能力的机会。在这个过程中，他们不仅能够通过实际劳动完成任务，还能通过重复性的工作内容来增强自信心。这些儿童在特定任务上的专注力通常较高，尤其是在独立完成任务时，他们的细致和耐心常常超过预期。这种高专注度使得他们在劳动中表现出较强的执行力和持久力，从而在园艺活动中获得成就感。通过这样的活动，他们能够将精力投入有目的的劳动中，逐渐培养出对劳动的兴趣和热爱。这不仅有助于提高他们的动手能力，还能通过实际操作强化他们的理解力和任务执行力，进而促进他们的劳动技能发展。

3. 通过种植活动促进孤独症儿童的心理健康

种植活动能够有效促进孤独症儿童的心理健康，通过与植物的互动，这些儿童可以感受到生命的成长与变化，这种过程对于他们的心理健康有积极的促进作用。在种植的过程中，孤独症儿童可以通过关注植物的生长，体验到一种来自自然的连接感，这种连接感有助于他们减轻内心的孤独感。植物的生长周期给予他们一种持续的关注点和责任感，这对于他们建立自我价值感和提升心理韧性有重要作用。种植活动还提供了一个稳定且不具威胁性的环境，使孤独症儿童能够在一个安全的空间内表达情感和体验自然的宁静。这种自然的抚慰作用，可以缓解他们的焦虑和紧张情绪，促进心理的放松并获得愉悦感。通过种植活动，他们可以学习到如何通过耐心和照顾来看到劳动成果，这种成就感和满足感对于他们的心理健康发展也起到了积极的推动作用。

4. 自然环境对孤独症儿童园艺工作的积极影响

自然环境对孤独症儿童的园艺工作有着显著的积极影响。自然环境中的新鲜空气、阳光和植物的气息，能够为孤独症儿童提供一个身心舒适的空间。这种环境通常没有过多的人工干预，能够让他们感受到来自自然的宁静和和谐，有助于缓解焦虑和压力。自然环境中的绿色植物和开放空间，能够降低他们的感官刺激，让他们更容易集中注意力，从而在园艺工作中表现得更加专注和高效。户外的自然环境还可以提供多样化的感官体验，如触摸植物、闻到泥土的气味和听到自然的声音，这些体验都能够帮助孤独症儿童更好地调节情绪，增强对外界环境的适应能力。在这样的环境中，孤独症儿童不仅能够更自由地表达自己，还能通过与自然的互动，增强对自身能力的信心和自我认同，从而在园艺工作中取得更好的表现。

5. 孤独症儿童在园艺活动中的专注力与成就感

孤独症儿童在园艺活动中表现出较强的专注力，这种专注力源于他们对重复性和规律性的任务的高度适应性。园艺活动中的任务，如种植、浇水和护理植物，通常需要持续的关注和耐心，这为孤独症儿童提供了一个可以长时间保持专注的环境。在这些活动中，他们能够将注意力集中在手头的任务上，不容易受到外界的干扰，这种高水平的专注力使得他们在园艺活动中能够完成任务并获得成就感。成就感的来源不仅在于看到植物的生长和变化，更在于他们能够通过自己的努力和付出，看到劳动成果的显现。园艺活动的持续性和可见性成果，让孤独症儿童体验到一种完成任务后的满足感，这种成就感对他们的自信心建设和心理健康发展具有积极的作用。在园艺活动中获得的成就感，还能够激发他们继续参与类似活动的动力，从而形成良性循环，进一步提升他们的专注力和工作表现。

（二）养殖工作与孤独症儿童

1. 孤独症儿童如何通过养殖家禽培养责任感

家禽的日常照料需要规律性和持续性，这为孤独症儿童提供了一个固定的任务框架，能够帮助他们建立对责任的理解。每天的喂食、清洁和观察家禽的健康状况，要求他们持续关注和执行这些任务。这种重复性的任务能够使他们在实践中感受到责任的重要性，逐渐理解自己的行为是如何直接影响到家禽的生存与健康的。通过养殖活动，他们开始认识到自己是某种生命的守护者，这种认知强化了他们的责任感。在日常照料中，当家禽表现出健康成长或繁殖时，孤独症儿童会体验到由于自己的付出而带来的成果，这种体验进一步巩固了他们对责任的理解和承诺。养殖家禽的过程不仅仅是技能的掌握，更是他们在实际操作中对责任意识的培养与深化。

2. 养殖活动对孤独症儿童情感发展的影响

养殖活动对孤独症儿童的情感发展有着深远的影响。与家禽的互动不仅仅是物质上的照料，更是一个情感交流的过程。在这个过程中，孤独症儿童可以学会理解和感受情感的表达，如家禽对他们的依赖和信任，这种互动能够触动他们的情感反应，帮助他们逐步建立起对情感的认知和表达能力。家禽作为一种较为低压的社交对象，能够为孤独症儿童提供一种稳定且无威胁性的情感交流途径，这对他们克服社交恐惧和情感冷漠有积极作用。在养殖过程中，他们会逐渐形成对家禽的关爱之情，这种情感的培养对于他们与他人建立情感联系具有重要的过渡作用。通过长期的养殖活动，孤独症儿童能够体验到与生命体之间的情感连接，这种体验对他们的情感发展和社会性认知都有着积极的促进作用。

3. 孤独症儿童在养殖工作中的耐心与细心培养

孤独症儿童在参与养殖工作时，可以逐步培养出耐心与细心。这类工作往往需要持续的观察和精细的操作，如定时喂食、检查家禽的健康状况以及保持环境的清洁等，这些任务要求他们具备较强的耐心和细致入微的态度。在照料家禽的过程中，他们需要仔细观察每个细节，确保家禽的生长环境和健康状态保持在最佳水平。这种反复且精细的工作内容，使他们学会如何通过耐心的积累和细心的执行来完成任务。长期的养殖工作还能够增强他们对细节的敏感度，帮助他们培养在面对复杂任务时的冷静与专注。这种耐心与细心的培养不仅有助于他们在养殖活动中表现得更加出色，也能够迁移到其他日常生活和学习任务中，帮助他们更好地处理细节和应对挑战。

4. 通过简单的养殖任务提升孤独症儿童的自信心

通过参与简单的养殖任务，孤独症儿童可以显著提升自信心。这些任务，如喂食、打扫家禽舍和照顾雏禽，尽管操作相对简单，但对于孤独症儿童来说，是一次独立完成任务的宝贵机会。在完成这些任务的过程中，他们能够直观地看到自己的付出如何转化为家禽的健康成长和环境的改善，这种成果感大大增强了他们的自我效能感。简单的任务设计，让他们能够在不感到压力的情况下顺利完成任务，从而逐步积累起对自身能力的信任感。每一次成功的体验都会为他们带来积极的反馈，进一步强化自信心的建立。这种自信心不仅体现在养殖活动中，还会延伸至其他生活领域，帮助孤独症儿童在面对新任务和挑战时表现得更加积极和自信。

5. 自然中的工作：孤独症儿童在养殖中的表现

在自然环境中的养殖活动中，孤独症儿童往往展现出独特的表现力。自然环境的开放和包容性，为他们提供了一个宽松且没有过多干扰的工作氛围，这有助于他们更好地发挥潜力。与家禽的日常互动，能够激发他们的兴趣和好奇心，促使他们积极参与到养殖任务中。在这种自然环境中，他们面临的感官刺激相对减少，使得他们能够更加专注于手中的工作。通过与家禽的相处，他们逐渐形成了一种稳定的工作模式，这种模式帮助他们在养殖活动中表现出高度的专注和一致性。自然环境的舒适与宁静还能够减轻他们的压力和焦虑，使他们在养殖活动中表现得更加从容和平静。这些积极表现不仅仅反映在他们的工作质量上，也在他们的情绪稳定性和社会行为中得以体现，从而显示出自然环境对孤独症儿童发展的积极影响。

（三）劳动能力的培养

1. 园艺活动对孤独症儿童劳动能力的锻炼

园艺活动为孤独症儿童提供了一个理想的劳动能力锻炼平台。通过参与种植、浇水、修剪植物等园艺活动，这些儿童能够在实际操作中发展出基础的劳动技能。这些任务需要他们运用手眼协调能力，精细动作的执行也得到有效的训练。园艺活动中的持续性和周期性要求他们学会规划和管理时间，这对于提升他们的任务管理能力和执行能力具有重要意义。在园艺活动过程中，孤独症儿童需要应对各种意外情况，如植物的病虫害或天气变化，这些挑战促进了他们解决问题的能力的发展。园艺活动通常需要较长的时间投入，这对他们的耐心和专注力也起到了锻炼作用。通过这种实际操作的锻炼，他们逐步掌握了如何完成复杂的劳动任务，劳动能力得到了全面提升，并为他们未来的独立生活打下了基础。

2. 如何通过养殖工作培养孤独症儿童的动手能力

养殖工作为孤独症儿童提供了培养动手能力的良好机会。在养殖活动中，孤独症儿童需要完成喂食、清洁家禽舍、处理家禽的健康问题等具体任务，这些任务需要他们进行精细的操作和持续的动手实践。通过反复的操作，他们的手部肌肉得到锻炼，手眼协调能力也逐渐增强。养殖工作中的许多任务都涉及实际的体力劳动，这对他们的身体协调性和力量控制能力有显著的帮助。在这个过程中，孤独症儿童还可以学会使用简单的工具，如铲子和刷子等，这不仅提升了他们的动手能力，也增强了他们对工具使用的理解和适应能力。养殖工作中的定期任务要求他们在特定的时间段内完成操作，这进一步培养了他们的动手能力和时间管理能力。通过这些实践活动，他们逐渐发展出对实际操作的信心，并为进一步复杂的技能学习打下基础。

3. 孤独症儿童在园艺活动与养殖工作中展现的劳动潜力

孤独症儿童在参与园艺活动和养殖工作时，往往能够展现出超出预期的劳动潜力。这些活动不仅为他们提供了实际操作的机会，也为他们的潜在能力提供了发掘的空间。在园艺活动中，孤独症儿童的专注力和对细节的敏感性使他们能够出色地完成种植和植物护理等任务，而这些能力在日常生活中可能不易被发现。同样地，在养殖工作中，他们展现出对动物的关心和细心的照料能力，这些表现证明了他们在照料生命方面的潜在能力。由于这些活动通常涉及固定的操作步骤和持续的任务执行，这对孤独症儿童的结构化思维和任务管理能力是一个有力的锻炼。通过持续参与园艺活动和养殖工作，他们的劳动潜力得到了有效开发，同时也增强了他们的自我效能感。这些活动不仅帮助他们发现和发展潜在的劳动能力，还为他们的全面发展创造了积极的条件。

4. 通过简单的劳动任务提升孤独症儿童的独立能力

简单的劳动任务在提升孤独症儿童的独立能力方面起到了重要

作用。通过参与一些简单的日常劳动任务，如清理杂草、浇水和喂食家禽，孤独症儿童能够逐步学会独立完成这些任务的步骤和方法。在这个过程中，他们开始建立起对任务的责任感，并学会如何在没有外界帮助的情况下完成工作。这些简单的劳动任务通常不需要过高的技术或复杂的决策，但它们为孤独症儿童提供了一个独立实践的环境。通过反复执行这些任务，他们的自信心得到了增强，逐渐减少了对他人的依赖。这些任务还培养了他们的自我管理能力，让他们学会如何分配时间和资源，以完成预定的工作目标。随着独立能力的提升，他们在面对其他日常挑战时也能表现得更加从容和自信，为他们未来生活的独立性打下了坚实的基础。

5. 孤独症儿童在种植与养殖中的劳动技能发展

在种植与养殖活动中，孤独症儿童的劳动技能得到了显著发展。这些活动提供了一个实际操作的环境，使他们能够通过重复性的任务练习，逐步掌握基本的劳动技能。在种植过程中，他们学会了如何准备土壤、播种、施肥和浇水，这些技能不仅锻炼了他们的手部精细动作，还培养了他们的观察能力和对植物生长规律的理解。在养殖活动中，孤独症儿童通过喂养和照料家禽，增强了对生命的尊重和责任感，同时学会了如何处理突发状况，如家禽的健康问题或环境变化。这些实际操作中的学习，使他们在动手能力、任务管理和问题解决能力上得到了全方位的提升。通过在种植和养殖活动中的持续实践，他们不仅熟练掌握了多项劳动技能，还积累了宝贵的经验，这为他们未来的工作和生活打下了坚实的基础。

（四）自然环境的疗愈作用

1. 自然环境对孤独症儿童心理健康的积极影响

自然环境对孤独症儿童的心理健康有着显著的积极影响。这些儿童常常对外界刺激过度敏感，而自然环境中较低的感官负荷和舒适的氛围，有助于他们减轻焦虑和紧张感。接触自然中的绿色植物、清新的空气以及柔和的光线，能够为他们创造一个平静和安全的空间，有效地缓解他们的情绪波动。自然环境中的宽敞空间和宁静的氛围，可以让孤独症儿童远离日常生活中的压力源，从而获得心理上的放松。自然的节奏和周期性也有助于他们建立内心的秩序感，提升情绪的稳定性。在这样一个充满生机和活力的环境中，他们不仅能够放松身心，还能通过与自然的互动，逐步增强自我认知和情感表达能力，从而促进整体心理健康的发展。

2. 园艺活动与养殖工作中的自然疗愈效果

园艺活动与养殖工作中的自然疗愈效果对孤独症儿童有着深远的影响。这些活动将他们带入了一个与自然紧密接触的环境，通过实际的操作和观察，孤独症儿童能够感受到自然的力量和生命的韧性。这种亲身参与的过程，帮助他们建立起对生命的尊重和对自然的依恋，从而获得心理上的疗愈效果。在园艺活动和养殖工作的过程中，他们的感官得到了丰富的自然刺激，如植物的香气、土壤的触感以及家禽的叫声，这些都能有效地降低他们的感官敏感度。自然环境的疗愈属性，还体现在其能够为孤独症儿童提供一个没有过多外界干扰的空间，让他们能够在一个稳定且宁静的环境中进行自我调节和内心反思。通过这种自然的疗愈过程，他们的情绪波动减少，内心获得更多的宁静和平和感，进而促进整体的情感发展和心理健康。

3. 孤独症儿童在自然环境中放松身心的方式

孤独症儿童在自然环境中放松身心的方式多种多样，自然环境为他们提供了一个逃离日常压力的避风港。在自然中，他们可以通过观察植物的生长、聆听鸟鸣和感受微风的轻拂,来达到内心的平静。这些简单却深刻的感官体验,能帮助他们降低对外界刺激的敏感度,并缓解由于感官过载引起的焦虑情绪。自然中的静谧和规律性为他们提供了一个有节奏的环境,帮助他们更好地组织和整理内心的思绪。通过在自然中进行的放松活动,如散步、捡拾落叶或照料植物,他们能够在不知不觉中减轻心理压力,达到放松身心的效果。这些活动不仅帮助他们在自然的怀抱中找到内心的安宁,还通过与自然的互动,促进了他们的情绪调节和心理平衡,为心理健康奠定了坚实的基础。

4. 通过接触自然帮助孤独症儿童缓解压力

接触自然对于帮助孤独症儿童缓解压力具有重要作用。自然环境中的各种元素,如清新的空气、流动的水和郁郁葱葱的植物,能够提供一种与日常生活截然不同的感官体验,这种体验对于缓解他们的心理压力极为有效。孤独症儿童在自然中可以远离城市的喧嚣和人群的嘈杂,从而获得内心的宁静。他们能够通过与自然的亲密接触,如触摸树木、感受泥土、观察昆虫的行为,来释放内心的焦虑和紧张情绪。这种直接且温和的互动方式,有助于他们减轻感官过载带来的不适感,进而在自然中找到放松的途径。随着他们在自然中的活动时间的增加,他们的压力水平会逐渐下降,内心的平静和情绪的稳定性也会得到增强。接触自然不仅帮助他们释放了心理压力,还促进了他们的情绪平稳和整体的心理健康发展。

5. 在自然环境中工作的孤独症儿童:放松与成长

在自然环境中工作,孤独症儿童不仅能够放松身心,还能获得成长。自然环境提供的开放空间和宁静氛围,使得他们在工作过程中能够减少外界的干扰,更专注于手头的任务。这种专注感帮助他们在完成任务的同时体验到内心的平静。通过与植物和动物的互动,他们的动手能力和感官协调性得到提升,同时也增强了他们对自然的理解和适应能力。在自然环境中,孤独症儿童的工作通常与生命的周期和自然的节奏紧密相关,这让他们能够从中感受到规律和秩序,从而在内心深处建立起对世界的美好认知。这种认知的逐步发展,不仅有助于他们的心理成长,还能够增强他们面对外界变化的适应能力。通过在自然中的持续工作,他们逐渐培养起自信心和成就感,同时在一个平静的环境中获得了情感和心理上的成长与发展。

(五)专注力与细心的培养

1. 园艺活动如何培养孤独症儿童的专注力

园艺活动通过提供具体且可操作的任务,显著培养了孤独症儿童的专注力。在种植和照料植物的过程中,这些儿童需要持续关注植物的生长状况,了解植物的需求并进行相应的护理,如浇水、修剪和施肥。这些任务要求他们投入足够的时间和精力,且必须按照植物的自然生长规律进行护理,因此无形中提升了他们对任务的专注度。园艺活动的周期性和重复性进一步强化了这一点,孤独症儿童需要每天、每周甚至每个月重复执行这些任务,从而在实践中逐渐培养起持续关注一件事的能力。植物的生长变化缓慢且细微,这要求他们在长时间内保持耐心和观察力,这种长期的投入有助于增强他们的专注力,并在其他领域的学习和生活中得到延展和应用。

2. 在养殖工作中孤独症儿童的细心表现

在养殖工作中,孤独症儿童往往表现出极高的细心程度。这种细心源于他们对家禽日常生活需求的高度关注,如定时喂食、检查健康状况以及保持生活环境的清洁等。养殖工作要求他们观察动物的行为和状态，及时发现和解决可能存在的问题，这种细致的观察和判断能力促使他们在日常工作中表现出极强的耐心与专注。孤独症儿童在完成这些任务时展现出的细心，也与他们对秩序和规律的天然需求密切相关。他们能够通过反复的操作和日常的照料，将每个步骤都执行得井井有条，并在过程中积累经验，逐渐提高自己的操作精度和效率。这种细心的工作态度不仅提升了他们在养殖工作中的表现，也增强了他们在其他任务中的执行力和责任感，促进了综合能力的发展。

3. 通过照顾花卉提升孤独症儿童的专注与耐心

照顾花卉活动为孤独症儿童提供了一个理想的环境来提升专注力和耐心。在照顾花卉的过程中，他们需要花时间了解每种植物的生长需求，并定期进行浇水、施肥和修剪等工作。这些任务要求他们关注细节，如土壤的湿度、植物的生长状况以及花朵的开花时间等，逐渐增强他们的专注能力。花卉的生长速度较慢，变化通常需要数天或数周才能显现，这种缓慢的生长进程促使孤独症儿童在等待成果的过程中培养出更强的耐心。通过持续关注植物的变化，他们学会了如何在长期任务中保持专注，并在每次完成照料任务后感受到成就感和满足感。照顾花卉不仅让他们享受到大自然带来的宁静与美好，也为他们提供了一个实践专注与耐心的机会，从而在心理和行为层面获得双重成长。

4. 孤独症儿童在种植工作中培养的细心与责任感

种植工作为孤独症儿童提供了培养细心与责任感的独特机会。在种植过程中，他们需要从播种到收获，密切关注每一个细节。比如，土壤的选择、浇水的频率、施肥的时间和分量等，都是需要他们细致考虑和执行的环节。这种对细节的关注，逐步培养了他们的细心能力。植物的生长依赖于持续的照料，这种长期的任务促使孤独症儿童意识到自己的责任。每当看到植物在他们的照顾下茁壮成长时，他们会感受到因自己的努力而带来的成就感，这进一步强化了他们的责任感。通过这种实际的劳动，他们不仅掌握了基本的种植技能，还在长期的照料过程中培养了细心和责任感，这些品质对他们的全面发展具有重要意义。

5. 园艺活动与养殖工作如何帮助孤独症儿童提升专注能力

园艺活动与养殖工作为孤独症儿童提供了一个提升专注能力的实践平台。这些活动包含了多个需要持续关注的任务，如种植、照料植物以及喂养家禽，这些任务要求他们在长时间内保持注意力集中。在园艺活动中，孤独症儿童通过观察植物的生长变化，学习到如何在细微的变化中保持持续的关注。同样，在养殖工作中，他们需要密切关注动物的生活状况和需求，这种反复的照料不仅增强了他们的责任感，也让他们的专注力得到不断强化。由于这些活动通常需要长时间的持续投入，这种长期的任务有助于孤独症儿童在完成目标的过程中培养出高度的专注能力。园艺活动与养殖工作中丰富的感官体验，如触摸土壤、听到动物的声音等，也为他们提供了一个自然、安静的环境，进一步促进了他们专注能力的发展。

四、图书馆与档案管理

（一）图书馆工作与孤独症儿童的契合性

1. 孤独症儿童在图书馆书籍整理中的秩序感表现

孤独症儿童在图书馆的书籍整理工作中，往往表现出极强的秩序感。图书馆的工作流程通常高度结构化,包括书籍的分类、排序和摆放等,这种明确的任务结构符合孤独症儿童对规则和秩序的需求。他们在整理书籍时,会严格按照分类标准和编号顺序进行操作,确保每一本书都放到其应在的位置上。对于孤独症儿童来说,这种有序的环境和固定的工作模式能够带来极大的心理满足感,使他们感受到控制感和安全感。在书籍整理过程中,他们展现出对细节的高度关注,任何不符合规范的摆放都会被迅速纠正。这种对秩序的坚持不仅提升了他们的工作效率,也使得图书馆的管理更加井然有序。通过这种有规律的工作,他们的秩序感得到了充分的表达和强化,同时也对他们在其他领域的生活和学习产生了积极的影响。

2. 图书馆环境对孤独症儿童的心理安抚作用

图书馆的环境对孤独症儿童具有显著的心理安抚作用。图书馆通常是一个安静、秩序井然的空间,这种环境减少了外界的喧嚣和感官刺激,为孤独症儿童提供了一个宁静的避风港。在这样的环境中,他们可以远离日常生活中的嘈杂与混乱,享受一种内心的平静。图书馆中系统化的书籍排列、明确的分类标识和稳定的环境结构,都有助于增强他们的安全感和心理舒适度。图书馆的氛围通常鼓励安静和独立,这符合孤独症儿童的社交需求,让他们能够在一个没有过多社交压力的环境中放松自己。图书馆还提供了一个可以沉浸于书籍世界的机会,通过阅读,他们可以转移注意力,减轻焦虑并缓解紧张情绪。总体来说,图书馆的环境不仅有助于他们的心理放松,还能够为他们提供一个充满安全感的学习和工作空间。

3. 孤独症儿童如何在图书馆工作中展现细致与专注

孤独症儿童在图书馆的工作中常常展现出令人印象深刻的细致与专注。这些工作通常包括书籍的分类、上架和借阅记录的管理等,这些任务需要他们保持高度的注意力和精确性。孤独症儿童在执行这些任务时，往往会投入大量的时间和精力，确保每一个步骤都能准确无误地完成。他们对细节的敏锐观察能力使得他们在整理书籍时，能够迅速发现和纠正错误，如错放的书籍或编号的错误。由于这些工作要求较高的重复性和一致性，他们的专注力得到了充分的发挥。图书馆提供的安静环境进一步帮助他们减少外界干扰，使他们能够更加专心致志地完成手头的任务。这种高度的专注和对细节的把握，不仅提高了他们的工作效率，也展现了他们在特定任务中的能力和潜力。

4. 图书管理工作对孤独症儿童秩序感的强化

图书管理工作通过其高度结构化的任务流程，有效地强化了孤独症儿童的秩序感。这项工作要求对书籍进行精确的分类和系统化的管理，这些过程符合孤独症儿童对秩序和规则的自然需求。在执行任务时，他们需要按照既定的分类标准来处理大量的书籍，每一个步骤都要求严格的顺序和准确性，这使得他们的秩序感在实际操作中得到了锻炼和巩固。工作中的重复性操作，例如按字母或编号顺序整理书籍，让他们在熟悉和掌握规则的过程中，逐渐增强对秩序的依赖和重视。图书管理工作中的每一个细节，都会让他们感受到一种对任务的掌控感，这种掌控感反过来强化了他们对秩序的理解和执行能力。通过这些系统化的工作体验，他们的秩序感得到了不断的强化，进而在其他生活领域中表现出更强的组织性和条理性。

5. 孤独症儿童在图书馆中的职业发展潜力

图书馆工作所需的细致、耐心以及对秩序和规则的严格遵守，恰好契合了孤独症儿童的能力特点。这些儿童往往表现出对重复性任务的高度专注和持久的耐心，这使得他们在图书分类、书籍管理和数据录入等方面展现出出色的工作能力。图书馆中的工作流程清晰且固定，这种结构化的环境有助于他们稳定地发挥自己的技能，逐渐积累工作经验。图书馆相对安静且有序的工作氛围，减少了外界的干扰，使他们能够更好地集中精力完成任务。随着经验的积累，他们有可能在图书馆的各个职能部门中找到适合自己的发展方向，甚至能够在某些特定领域，如图书分类系统的管理或数据维护等方面，发展出专业技能。

（二）档案管理与细致工作能力

1. 孤独症儿童在档案管理中的细致与准确性

孤独症儿童在档案管理工作中展现出极高的细致与准确性。这些儿童通常对细节有敏锐的感知能力，并且在执行任务时能够保持高度的专注。这种专注力使他们在处理档案时，能够精确地执行每一个步骤，确保在文件的整理、分类和存档过程中不出现任何错误。他们对规范和结构化流程的遵循，使得他们在工作中能够高效且无误地完成任务。档案管理需要严格的秩序和条理，这与孤独症儿童天然的秩序感相契合，进一步促进了他们的工作表现。由于他们对细微差异的敏锐观察能力，这些儿童能够迅速发现并纠正档案中的错误或不一致之处，从而保证档案的准确性和完整性。

2. 档案管理工作如何利用孤独症儿童的规律感知能力

档案管理工作能够有效利用孤独症儿童的规律感知能力，发挥其优势。这些儿童通常具有对规则和结构化流程的高度依赖，并对任务中的固定模式和重复性操作有极强的适应能力。在档案管理中，这些特点使他们能够快速掌握工作流程，并在执行中保持高度的稳定性和准确性。档案管理涉及大量的分类、排序和整理工作，这些任务要求严格遵守既定的规范和程序。孤独症儿童在这种有序的环境中，能够充分发挥其对规律和秩序的理解，确保在档案的管理过程中始终保持高效和精确。他们对系统化操作的理解和执行，使得他们能够在档案管理中保持一致性，降低错误发生的可能性。

3. 孤独症儿童在档案整理中的条理性与耐心

档案整理需要将大量的文件按照特定的顺序和种类进行归档，这一过程要求高度的条理性和对细节的敏感度。孤独症儿童在这类任务中表现出对秩序的强烈需求，使他们能够按部就班地执行每一个步骤，确保档案整理工作有条不紊地进行。他们对重复性工作的耐心也让他们能够在长时间的整理过程中保持专注，不因任务的单调而感到厌倦或失去效率。由此，他们在整理过程中表现出的细致入微和对细节的关注，使得每一份档案都能按照严格的标准进行归类和存放，降低了文件丢失或分类错误的风险。这种条理性与耐心不仅提升了档案整理工作的效率，还保障了档案管理系统的准确性和完整性。

4. 精细工作中的孤独症儿童：档案管理的理想人选

档案管理需要处理大量的文件和数据，每一个步骤都要求高度的精确性和耐心。孤独症儿童天生具备的对细节的敏锐感知和对秩序的执着，使他们能够在这类工作中表现出色。他们能够通过系统化的工作流程，保持文件整理、分类和归档过程中的高度一致性，这对于保证档案的完整性和可追溯性至关重要。孤独症儿童在面对重复性任务时，通常能够保持持久的专注力，不易受到外界干扰。这种专注力和持久性，使得他们能够在长时间的工作中始终如一地完成任务，减少因疲劳或分心而导致的错误。档案管理中的精细操作和准确性要求，使孤独症儿童在这个岗位上不仅能够胜任，而且能够通过持续的努力，不断提高工作效率和质量，展现出显著的职业潜力。

5. 档案管理工作对孤独症儿童细致工作能力的培养

档案管理工作为孤独症儿童提供了一个极佳的细致工作能力的培养平台。在处理档案的过程中，他们需要执行严格的分类、整理和归档操作，每一个步骤都需要高度的细心和专注。这种高要求的工作环境使他们在日常实践中不断磨炼自己的细致工作能力。通过反复处理各类文件和数据，孤独症儿童逐渐掌握了如何在保持高效的同时确保工作的准确性和一致性。档案管理的系统化流程和固定规则帮助他们在结构化的环境中逐步提升自己的组织能力和时间管理技巧。随着经验的积累，他们的细致工作能力不断得到巩固和提升，能够更加熟练地处理复杂的任务。这个过程不仅增强了他们的职业技能，也对他们的自信心和职业发展的动力产生了积极的影响，使他们在未来的工作中具备更强的竞争力。

（三）秩序感与规律工作的结合

1. 孤独症儿童在秩序化工作中的优势分析

孤独症儿童在秩序化工作中展现出独特的优势，这些优势源自他们对规则和结构化环境的自然偏好。秩序化工作通常要求严格遵守流程和规范，这与孤独症儿童的思维方式高度契合，使他们能够在这样的工作环境中表现出色。他们对细节的高度关注和精确执行的能力，使得他们在重复性和规律性强的任务中表现得尤为突出。孤独症儿童往往能保持高度的专注力，长时间投入具体的任务中而不易分心，这使得他们在执行需要高精度和稳定性的任务时，能保持较高的效率和质量。秩序化工作的固定模式和明确指令还帮助他们减轻了因不确定性带来的焦虑,进一步提高了他们的工作表现。他们在面对复杂任务时,能够将其分解为简单且可操作的步骤,有助于有效地完成工作。

2. 通过图书馆工作培养孤独症儿童的秩序感

图书馆的工作通常涉及书籍的分类、整理和借阅管理,这些任务要求高度的系统性和精确性,非常符合孤独症儿童的秩序感需求。在整理书籍时,孤独症儿童能够通过反复执行固定的操作流程,如根据编号或主题对书籍进行分类和排序,从而在实践中强化他们对秩序的理解和执行能力。图书馆安静且有序的环境减少了外界干扰,使他们能够更加专注于手头的任务,同时也提升了他们对任务结构的适应能力。通过这种有条不紊的工作,他们的秩序感得到了有效的培养,并逐渐在其他生活领域中体现出来。随着他们对图书馆工作流程的熟悉,他们开始建立起对自身能力的信心,进一步增强了在秩序化环境中工作的动力和积极性。

3. 孤独症儿童在规律性强的工作中的表现

孤独症儿童在规律性强的工作中表现出色,这得益于他们对固定结构和重复性任务的天然适应能力。这些工作通常要求严格按照既定流程进行操作,孤独症儿童在这样的环境中能够迅速熟悉任务内容,并保持一致的高效输出。他们在执行任务时,展现出较强的稳定性和持久性,能够在长时间的工作中维持专注力和工作质量。这种规律性强的工作还减少了他们面对变化时的压力,使他们能够在一个可预测的环境中发挥最佳水平。由于孤独症儿童对细节的敏锐感知,他们在任务执行中往往能够准确识别和纠正任何可能出现的错误,确保工作流程的顺利进行。

4. 图书馆与档案管理中的规律工作对孤独症儿童的影响

系统化的书籍整理、档案分类与归档等工作和孤独症儿童的认知特点高度契合,帮助他们在稳定的环境中执行任务,并在重复的流程中找到安全感并获得满足感。为优化这一效果,图书馆和档案管理部门应提供清晰的任务分解单和详细的操作指南,确保每项任务的执行步骤明确可循。通过持续的任务练习,孤独症儿童不仅巩固了工作技能,提升了工作效率,还增强了专注力和工作一致性。这些规律性的工作提供了可预测的环境,减轻了因不确定性引发的焦虑感,逐渐提升他们的自信心,为未来的职业发展奠定了坚实基础。

5. 如何通过规律性工作增强孤独症儿童的职业自信

规律性工作能够显著增强孤独症儿童的职业自信,这主要体现在这些工作为他们提供了一个稳定和可预测的环境,使他们能够发挥自身的优势。在规律性工作中,孤独症儿童可以通过清晰的任务结构和固定的操作流程,逐步建立对工作的掌控感和成就感。通过重复的操作,他们能够熟练掌握工作技能,从而在每一次完成任务后获得积极的反馈。这种正面的反馈循环,不仅提升了他们的工作效率,也增强了他们对自身能力的信心。在这种工作模式下,他们能够逐渐摆脱对变化和不确定性的恐惧,敢于承担更多的责任和挑战。规律性工作还帮助他们养成良好的工作习惯,增强了他们的任务执行力和稳定性。这些积累的经验和信心,使得他们在面对未来的职业发展时,能够以更积极的态度和更坚定的自信心去迎接新的挑战。

(四)环境适应与心理支持

1. 图书馆环境如何帮助孤独症儿童适应工作

图书馆环境对孤独症儿童的工作适应性具有积极作用。图书馆以安静、有序和结构化著称,这减少了感官刺激,为孤独症儿童提供了安全稳定的工作空间。固定的布局和工作流程帮助他们在熟悉的模式中工作,减轻了环境变化引起的焦虑。通过明确的指示和任务结构,他们能逐步熟悉工作流程,增强自信心并提高工作效率。为进一步支持他们的发展,图书馆应提供清晰的工作指引,并在任务中加入适度的重复性操作,帮助他们找到规律,保持专注。

2. 孤独症儿童在档案管理工作中的适应性分析

在档案管理工作中,孤独症儿童展现出较强的适应性,这得益于档案管理工作的结构化和重复性操作。档案管理通常涉及文件分类、整理和归档等任务,这些任务的流程固定且清晰,孤独症儿童能够通过重复操作逐渐熟悉并掌握这些工作。工作环境的秩序性和规范性减轻了他们对变化和不确定性的焦虑,帮助他们稳定地适应工作节奏。为支持他们的发展,档案管理工作应设置明确的任务步骤,提供详细的工作指引,逐步增加任务复杂性以提升他们的专业技能和应对能力。

3. 为孤独症儿童营造适合的图书馆工作环境

为孤独症儿童营造适合的图书馆工作环境,首先要确保图书馆保持安静、有序的氛围,减少噪声和感官刺激。工作空间应简洁明了,标识清晰,任务流程固定,以提供易于理解的结构化工作环境。照明应柔和,避免刺眼的光线,温度应保持适宜,以确保舒适。任务安排上,优先选择重复性和结构化的工作内容,如书籍分类和整理,帮助他们建立稳定的工作节奏,并增强职业自信。这些措施能为他们提供一个支持性高的工作环境,促进他们的职业发展。

4. 孤独症儿童在安静、有序环境中的工作表现

孤独症儿童在安静、有序的环境中通常展现出优异的工作表现。

这样的环境减少了外界干扰，使他们能够更加专注地投入工作，充分利用其对细节的敏锐感知力。为优化这种环境，机构应采取具体措施：首先，确保工作场所的噪声控制，通过使用隔音材料或白噪声机器减少外部噪声干扰。其次，采用固定的工作流程和明确的任务指引，帮助孤独症儿童建立稳定的工作节奏，并减轻环境变化带来的焦虑。合理的空间布局也至关重要，将工作区域分隔开，减少视觉刺激，进一步提升他们的专注度。通过逐步熟悉工作任务和环境，他们可以建立起良好的工作习惯，提升工作效率。

5. 档案管理中的孤独症儿童：环境适应与心理支持

档案管理工作要求高度的秩序感和精确性，这与孤独症儿童的特质相契合，使他们能够在一个结构化的环境中找到心理上的安全感。要充分发挥他们的潜力，提供合适的环境适应和心理支持是必要的。工作环境应保持安静和有序，减少不必要的干扰，使他们能够在稳定的氛围中专注于手头的任务。给予明确的工作指示和任务分配，能够帮助他们更好地理解和执行工作内容。在心理支持方面，应鼓励他们逐步适应工作节奏，并通过积极的反馈增强他们的自信心。通过创建一个支持性的工作环境，并提供持续的心理支持，孤独症儿童不仅能够在档案管理中表现出色，还能够逐步适应工作中的挑战，提升他们的职业技能和心理韧性。

（五）专注力与长期职业发展

1. 孤独症儿童如何通过图书管理提升专注力

图书管理工作为孤独症儿童提供了一个理想的平台来提升专注力。这项工作涉及书籍的分类、排序、归档和维护，完成这些任务需要高度的专注和精确度。孤独症儿童在执行这些任务时，能够充分利用他们对细节的敏感性和对结构化流程的偏好，从而长时间保持专注。[5]图书管理工作的环境通常安静且有序，这种低干扰的氛围减少了外界的感官刺激，使他们能够更好地集中注意力。在任务执行过程中，他们通过不断重复固定的操作步骤，逐渐培养出对任务的熟悉感和掌控力，这进一步增强了他们的专注力。完成每一项任务后获得的成就感也能激发他们的持续投入，形成一个正向循环，从而有效地提升他们的专注能力。这种在工作中培养出的专注力不仅有助于提升工作效率，还能迁移到日常生活和学习中，对个人整体发展产生积极影响。

2. 长期从事档案管理工作对孤独症儿童职业发展的影响

长期从事档案管理工作对孤独症儿童的职业发展具有深远的影响。这项工作通常要求高度的细致和规律性，非常适合孤独症儿童的能力特点。在长期的档案管理实践中，他们不仅能够提高对细节的关注度，还能通过系统化的操作流程强化工作技能。持续的档案管理任务还帮助他们培养了耐心和持久性，增强了他们在面对重复性任务时的耐力和专注力。通过长期的工作经验积累，孤独症儿童能够逐渐适应工作的节奏和压力，提高其职场适应性和稳定性。长期工作还为他们提供了一个持续发展的职业路径，使他们有机会在某一领域内深耕细作，提升专业技能。这种持续的职业积累，不仅有助于他们在工作中获得成就感，还为他们未来的职业发展奠定了坚实的基础，增强了他们在职场中的竞争力和独立生活能力。

3. 孤独症儿童在图书馆工作中的专注表现与发展机会

图书馆工作涉及大量书籍分类、借阅管理和数据录入等任务，这些任务要求工作人员具备高度的专注力和细致的工作态度。孤独症儿童在这些方面表现出色，能够长时间专注于特定任务，且对细节有敏锐的洞察力，这不仅提升了工作效率，还确保了工作质量的稳定性。为支持他们的发展，机构应首先提供结构化的培训，帮助他们掌握图书馆工作的基本技能，如分类系统的使用、借阅流程的管理，以及数据录入软件的操作。接下来，逐步增加任务的复杂性，如处理更大规模的书籍管理或参与图书馆数据库的维护，确保他们在挑战中不断提升技能。图书馆应营造一个安静、有序的工作环境，减少感官刺激，帮助他们集中精力。此外，定期评估他们的工作表现，提供反馈和指导，以帮助他们在信息管理和档案整理等相关领域得到进一步发展。

4. 档案管理中的长期职业路径：孤独症儿童的可能性

档案管理工作要求高度的条理性、规律性和对细节的关注，这些特点与孤独症儿童的工作风格相契合。通过长期从事档案管理工作，他们可以逐步掌握复杂的数据管理和文档处理技能，这些技能在现代职场中有着广泛的应用前景。随着经验的积累，他们能够提升工作韧性和自律性，逐渐适应并应对职场挑战。为了支持他们的职业发展，机构应提供结构化的培训计划，帮助他们逐步掌握从基础到高级的档案管理技能。在实际工作中设置阶段性目标，确保他们在掌握基本技能后，能够逐步承担更复杂的任务，如档案系统的维护和优化。在此过程中，机构应提供持续的支持和指导，帮助他们及时解决在工作中遇到的问题，确保他们的职业路径不断拓展。

5. 如何通过图书馆与档案管理工作提升孤独症儿童的职业技能

图书馆与档案管理工作是提升孤独症儿童职业技能的重要途径。通过参与这些结构化和系统化的任务，他们能够逐步掌握一系列实用技能，如信息分类、数据录入、文件整理和系统管理等。这些技能不仅在当前的工作中具有重要性，也为他们未来的职业发展打下

了广泛的应用基础。

具体措施和步骤如下：

设计适应性课程：职业教育机构需要开发针对孤独症儿童的图书馆与档案管理课程。课程内容应包括基本的分类系统（如图书分类、档案分类）、数据录入的基础知识（如使用计算机软件进行数据录入和整理），以及文件整理的基本步骤（如归档、编号等）。

配备专用教学设备：为孤独症儿童提供适应他们需求的教学设备，如大字体的电脑显示器、带有触觉反馈的键盘，以及能够减少视觉和听觉刺激的环境布置。这些设备有助于他们更好地集中注意力，提高学习效率。

感官调节工具：在工作区域内装置感官调节工具，如噪声消减耳机、可调节的照明系统，以及触感柔软的家具和设备。这些工具可以帮助孤独症儿童在感到不适时进行自我调节，保持良好的学习和工作状态。

安全保障措施：在图书馆与档案管理工作中，确保每个环节都有明确的安全指引。机构应提供适当的培训，使孤独症儿童熟悉设备的使用方法和安全注意事项。在操作复杂设备时，安排专业人员进行监督和指导，确保安全。

个别化指导和支持：根据每个孤独症儿童的特点，制订个性化的教育和工作计划。教育工作者和职业导师需要定期评估他们的学习和工作进展，提供及时的反馈和支持，帮助他们克服困难，逐步掌握工作技能。

模拟实训环境：在机构内部设置模拟图书馆或档案管理办公室，让孤独症儿童在真实的工作环境中进行实践。这种实训能够帮助他们适应未来的工作环境，提高实际操作能力。

持续评估和改进：定期对孤独症儿童的学习和工作进行评估，

了解他们在信息分类、数据录入、文件整理等方面的掌握情况。根据评估结果，及时调整课程内容和教学方法，确保每个学生都能取得实质性进步。

  通过这些具体的措施，职业教育机构可以为孤独症儿童提供一个安全、适应他们需求的学习和工作环境，使他们能够更好地发展职业技能，并为未来的就业做好准备。这不仅提升了他们的职业能力，还增强了他们的自信心和独立性，为他们的长远发展奠定了坚实基础。

参考文献

[1] 银燕. 辽宁省孤独症儿童教育福利问题研究[D]. 大连理工大学,2016.

[2] 张劲松. 马克思主义教育公平观视野下孤独症群体教育公平问题研究[D]. 南京信息工程大学,2016.

[3] 李昊隆,李博,戴旭芳,等. 成年孤独症者职业发展现状及培训意愿调查研究[J]. 现代特殊教育,2023(24):51-60.

[4] 徐岩. 日常生活视角下孤独症儿童教育困境分析与启示[J]. 残疾人研究,2020(3):39-47.

[5] 王佳佳. 基于社会需求的高职《孤独症儿童的教育康复》课程设计[J]. 课程教育研究,2013(23):244-245.